QUIRGUIZ
VOCABULÁRIO

PORTUGUÊS BRASILEIRO

PORTUGUÊS
QUIRGUIZ

Para alargar o seu léxico e apurar
as suas competências linguísticas

7000 palavras

Vocabulário Português Brasileiro-Quirguiz - 7000 palavras

Por Andrey Taranov

Os vocabulários da T&P Books destinam-se a ajudar a aprender, a memorizar, e a rever palavras estrangeiras. O dicionário é dividido em temas, cobrindo todas as principais esferas de atividades quotidianas, negócios, ciência, cultura, etc.

O processo de aprendizagem, utilizando os dicionários baseados em temáticas da T&P Books dá-lhe as seguintes vantagens:

- Informação de origem corretamente agrupada predetermina o sucesso em fases subsequentes da memorização de palavras
- Disponibilização de palavras derivadas da mesma raiz, o que permite a memorização de unidades de texto (em vez de palavras separadas)
- Pequenas unidades de palavras facilitam o processo de estabelecimento de vínculos associativos necessários para a consolidação do vocabulário
- O nível de conhecimento da língua pode ser estimado pelo número de palavras aprendidas

T&P Books Publishing
www.tpbooks.com

ISBN: 978-1-78767-330-4

Este livro também está disponível em formato E-book.
Por favor visite www.tpbooks.com ou as principais livrarias on-line.

VOCABULÁRIO QUIRGUIZ
palavras mais úteis

Os vocabulários da T&P Books destinam-se a ajudar a aprender, a memorizar, e a rever palavras estrangeiras. O vocabulário contém mais de 7000 palavras de uso comum organizadas tematicamente.

O vocabulário contém as palavras mais comummente usadas
Recomendado como adicional para qualquer curso de línguas
Satisfaz as necessidades dos iniciados e dos alunos avançados de línguas estrangeiras
Conveniente para o uso diário, sessões de revisão e atividades de auto-teste
Permite avaliar o seu vocabulário

Características especias do vocabulário

- As palavras estão organizadas de acordo com o seu significado, e não por ordem alfabética
- As palavras são apresentadas em três colunas para facilitar os processos de revisão e auto-teste
- As palavras compostas são divididas em pequenos blocos para facilitar o processo de aprendizagem
- O vocabulário oferece uma transcrição simples e adequada de cada palavra estrangeira

O vocabulário contém 198 tópicos incluindo:

Conceitos básicos, Números, Cores, Meses, Estações do ano, Unidades de medida, Roupas & Acessórios, Alimentos & Nutrição, Restaurante, Membros da Família, Parentes, Caráter, Sentimentos, Emoções, Doenças, Cidade, Passeios, Compras, Dinheiro, Casa, Lar, Escritório, Trabalho no Escritório, Importação & Exportação, Marketing, Pesquisa de Emprego, Esportes, Educação, Computador, Internet, Ferramentas, Natureza, Países, Nacionalidades e muito mais ...

TABELA DE CONTEÚDOS

GUIA DE PRONUNCIAÇÃO

Alfabeto fonético T&P	Exemplo quirguiz	Exemplo Português
[a]	манжа [mandʒa]	chamar
[e]	келечек [keletʃek]	metal
[i]	жигит [dʒigit]	sinônimo
[ɩ]	кубаныч [kubanɩtʃ]	sinônimo
[o]	мактоо [maktoo]	lobo
[u]	узундук [uzunduk]	bonita
[ʉ]	алюминий [alʉminij]	nacional
[y]	түнкү [tynky]	questionar
[b]	ашкабак [aʃkabak]	barril
[d]	адам [adam]	dentista
[dʒ]	жыгач [dʒɩgatʃ]	adjetivo
[f]	флейта [flejta]	safári
[g]	тегерек [tegerek]	gosto
[j]	бейрек [bøjrøk]	Vietnã
[k]	карапа [karapa]	aquilo
[l]	алтын [altɩn]	libra
[m]	бешмант [beʃmant]	magnólia
[n]	найза [najza]	natureza
[ŋ]	булуң [buluŋ]	alcançar
[p]	пайдубал [pajdubal]	presente
[r]	рахмат [raχmat]	riscar
[s]	сагызган [sagɩzgan]	sanita
[ʃ]	бурулуш [buruluʃ]	mês
[t]	түтүн [tytyn]	tulipa
[x]	пахтадан [paχtadan]	spagnolo - Juan
[ts]	шприц [ʃprits]	tsé-tsé
[tʃ]	биринчи [birintʃi]	Tchau!
[v]	квартал [kvartal]	fava
[z]	казуу [kazuu]	sésamo
[ˈ]	руль, актёр [rulʲ, aktʲor]	sinal de palatalização
[ʰ]	объектив [obʰjektiv]	sinal forte

ABREVIATURAS
usadas no vocabulário

Abreviaturas do Português

adj	-	adjetivo
adv	-	advérbio
anim.	-	animado
conj.	-	conjunção
desp.	-	esporte
etc.	-	Etcetera
ex.	-	por exemplo
f	-	nome feminino
f pl	-	feminino plural
fem.	-	feminino
inanim.	-	inanimado
m	-	nome masculino
m pl	-	masculino plural
m, f	-	masculino, feminino
masc.	-	masculino
mat.	-	matemática
mil.	-	militar
pl	-	plural
prep.	-	preposição
pron.	-	pronome
sb.	-	sobre
sing.	-	singular
v aux	-	verbo auxiliar
vi	-	verbo intransitivo
vi, vt	-	verbo intransitivo, transitivo
vr	-	verbo reflexivo
vt	-	verbo transitivo

CONCEITOS BÁSICOS

Conceitos básicos. Parte 1

1. Pronomes

eu	мен, мага	men, maga
você	сен	sen
ele, ela	ал	al
eles, elas	алар	alar

2. Cumprimentos. Saudações. Despedidas

Oi!	Салам!	salam!
Olá!	Саламатсызбы!	salamatsızbı!
Bom dia!	Кутман таңыңыз менен!	kutman taŋıŋız menen!
Boa tarde!	Кутман күнүңүз менен!	kutman kynyŋyz menen!
Boa noite!	Кутман кечиңиз менен!	kutman ketʃiŋiz menen!
cumprimentar (vt)	учурашуу	utʃuraʃuu
Oi!	Кандай!	kandaj!
saudação (f)	салам	salam
saudar (vt)	саламдашуу	salamdaʃuu
Como você está?	Иштериңиз кандай?	iʃteriŋiz kandaj?
Como vai?	Иштер кандай?	iʃter kandaj?
E aí, novidades?	Эмне жаңылык?	emne dʒaŋılık?
Tchau! Até logo!	Көрүшкөнчө!	køryʃkøntʃø!
Até breve!	Эмки жолукканга чейин!	emki dʒolukkanga tʃejin!
Adeus! (sing.)	Кош бол!	koʃ bol!
Adeus! (pl)	Кош болуңуз!	koʃ boluŋuz!
despedir-se (dizer adeus)	коштошуу	koʃtoʃuu
Até mais!	Жакшы кал!	dʒakʃı kal!
Obrigado! -a!	Рахмат!	raχmat!
Muito obrigado! -a!	Чоң рахмат!	tʃoŋ raχmat!
De nada	Эч нерсе эмес	etʃ nerse emes
Não tem de quê	Алкышка арзыбайт	alkıʃka arzıbajt
Não foi nada!	Эчтеке эмес.	etʃteke emes
Desculpa!	Кечир!	ketʃir!
Desculpe!	Кечирип коюңузчу!	ketʃirip kojʉŋuztʃu!
desculpar (vt)	кечирүү	ketʃiryy
desculpar-se (vr)	кечирим суроо	ketʃirim suroo
Me desculpe	Кечирим сурайм.	ketʃirim surajm
Desculpe!	Кечиресиз!	ketʃiresiz!

perdoar (vt)	кечирүү	ketʃiryy
Não faz mal	Эч капачылык жок.	etʃ kapatʃılık dʒok
por favor	суранам	suranam
Não se esqueça!	Унутуп калбаңыз!	unutup kalbaŋız!
Com certeza!	Албетте!	albette!
Claro que não!	Албетте жок!	albette dʒok!
Está bem! De acordo!	Макул!	makul!
Chega!	Жетишет!	dʒetiʃet!

3. Números cardinais. Parte 1

zero	нөл	nøl
um	бир	bir
dois	эки	eki
três	үч	ytʃ
quatro	төрт	tørt
cinco	беш	beʃ
seis	алты	altı
sete	жети	dʒeti
oito	сегиз	segiz
nove	тогуз	toguz
dez	он	on
onze	он бир	on bir
doze	он эки	on eki
treze	он үч	on ytʃ
catorze	он төрт	on tørt
quinze	он беш	on beʃ
dezesseis	он алты	on altı
dezessete	он жети	on dʒeti
dezoito	он сегиз	on segiz
dezenove	он тогуз	on toguz
vinte	жыйырма	dʒıjırma
vinte e um	жыйырма бир	dʒıjırma bir
vinte e dois	жыйырма эки	dʒıjırma eki
vinte e três	жыйырма үч	dʒıjırma ytʃ
trinta	отуз	otuz
trinta e um	отуз бир	otuz bir
trinta e dois	отуз эки	otuz eki
trinta e três	отуз үч	otuz ytʃ
quarenta	кырк	kırk
quarenta e dois	кырк эки	kırk eki
quarenta e três	кырк үч	kırk ytʃ
cinquenta	элүү	elyy
cinquenta e um	элүү бир	elyy bir
cinquenta e dois	элүү эки	elyy eki
cinquenta e três	элүү үч	elyy ytʃ

sessenta	алтымыш	altımıʃ
sessenta e um	алтымыш бир	altımıʃ bir
sessenta e dois	алтымыш эки	altımıʃ eki
setenta e três	алтымыш үч	altımıʃ ytʃ
setenta	жетимиш	dʒetimiʃ
setenta e um	жетимиш бир	dʒetimiʃ bir
setenta e dois	жетимиш эки	dʒetimiʃ eki
setenta e três	жетимиш үч	dʒetimiʃ ytʃ
oitenta	сексен	seksen
oitenta e um	сексен бир	seksen bir
oitenta e dois	сексен эки	seksen eki
oitenta e três	сексен үч	seksen ytʃ
noventa	токсон	tokson
noventa e um	токсон бир	tokson bir
noventa e dois	токсон эки	tokson eki
noventa e três	токсон үч	tokson ytʃ

4. Números cardinais. Parte 2

cem	бир жүз	bir dʒyz
duzentos	эки жүз	eki dʒyz
trezentos	үч жүз	ytʃ dʒyz
quatrocentos	төрт жүз	tørt dʒyz
quinhentos	беш жүз	beʃ dʒyz
seiscentos	алты жүз	altı dʒyz
setecentos	жети жүз	dʒeti dʒyz
oitocentos	сегиз жүз	segiz dʒyz
novecentos	тогуз жүз	toguz dʒyz
mil	бир миң	bir miŋ
dois mil	эки миң	eki miŋ
três mil	үч миң	ytʃ miŋ
dez mil	он миң	on miŋ
cem mil	жүз миң	dʒyz miŋ
um milhão	миллион	million
um bilhão	миллиард	milliard

5. Números. Frações

fração (f)	бөлчөк	bøltʃøk
um meio	экиден бир	ekiden bir
um terço	үчтөн бир	ytʃtøn bir
um quarto	төрттөн бир	tørttøn bir
um oitavo	сегизден бир	segizden bir
um décimo	тогуздан бир	toguzdan bir
dois terços	үчтөн эки	ytʃtøn eki
três quartos	төрттөн үч	tørttøn ytʃ

6. Números. Operações básicas

subtração (f)	кемитүү	kemityy
subtrair (vi, vt)	кемитүү	kemityy
divisão (f)	бөлүү	bølyy
dividir (vt)	бөлүү	bølyy
adição (f)	кошуу	koʃuu
somar (vt)	кошуу	koʃuu
adicionar (vt)	кошуу	koʃuu
multiplicação (f)	көбөйтүү	købøjtyy
multiplicar (vt)	көбөйтүү	købøjtyy

7. Números. Diversos

algarismo, dígito (m)	санарип	sanarip
número (m)	сан	san
numeral (m)	сан атооч	san atootʃ
menos (m)	кемитүү	kemityy
mais (m)	плюс	plʉs
fórmula (f)	формула	formula
cálculo (m)	эсептөө	eseptøø
contar (vt)	саноо	sanoo
calcular (vt)	эсептөө	eseptøø
comparar (vt)	салыштыруу	salıʃtıruu
Quanto, -os, -as?	Канча?	kantʃa?
soma (f)	жыйынтык	dʒıjıntık
resultado (m)	натыйжа	natıjdʒa
resto (m)	калдык	kaldık
alguns, algumas ...	бир нече	bir netʃe
poucos, poucas	бир аз	bir az
um pouco de ...	кичине	kitʃine
resto (m)	калганы	kalganı
um e meio	бир жарым	bir dʒarım
dúzia (f)	он эки даана	on eki daana
ao meio	тең экиге	teŋ ekige
em partes iguais	тең	teŋ
metade (f)	жарым	dʒarım
vez (f)	бир жолу	bir dʒolu

8. Os verbos mais importantes. Parte 1

abrir (vt)	ачуу	atʃuu
acabar, terminar (vt)	бүтүрүү	bytyryy
aconselhar (vt)	кеңеш берүү	keŋeʃ beryy
adivinhar (vt)	жандырмагын табуу	dʒandırmagın tabuu
advertir (vt)	эскертүү	eskertyy

ajudar (vt)	жардам берүү	dʒardam beryy
almoçar (vi)	түштөнүү	tyʃtønyy
alugar (~ um apartamento)	батирге алуу	batirge aluu
amar (pessoa)	сүйүү	syjyy
ameaçar (vt)	коркутуу	korkutuu
anotar (escrever)	кагазга түшүрүү	kagazga tyʃyryy
apressar-se (vr)	шашуу	ʃaʃuu
arrepender-se (vr)	өкүнүү	økynyy
assinar (vt)	кол коюу	kol kojʉu
brincar (vi)	тамашалоо	tamaʃaloo
brincar, jogar (vi, vt)	ойноо	ojnoo
buscar (vt)	… издөө	… izdøø
caçar (vi)	аңчылык кылуу	aŋtʃılık kıluu
cair (vi)	жыгылуу	dʒıgıluu
cavar (vt)	казуу	kazuu
chamar (~ por socorro)	чакыруу	tʃakıruu
chegar (vi)	келүү	kelyy
chorar (vi)	ыйлоо	ıjloo
começar (vt)	баштоо	baʃtoo
comparar (vt)	салыштыруу	salıʃtıruu
concordar (dizer "sim")	макул болуу	makul boluu
confiar (vt)	ишенүү	iʃenyy
confundir (equivocar-se)	адаштыруу	adaʃtıruu
conhecer (vt)	тануу	taanuu
contar (fazer contas)	саноо	sanoo
contar com …	… ишенүү	… iʃenyy
continuar (vt)	улантуу	ulantuu
controlar (vt)	башкаруу	baʃkaruu
convidar (vt)	чакыруу	tʃakıruu
correr (vi)	чуркоо	tʃurkoo
criar (vt)	жаратуу	dʒaratuu
custar (vt)	туруу	turuu

9. Os verbos mais importantes. Parte 2

dar (vt)	берүү	beryy
dar uma dica	четин чыгаруу	tʃetin tʃıgaruu
decorar (enfeitar)	кооздоо	koozdoo
defender (vt)	коргоо	korgoo
deixar cair (vt)	түшүрүп алуу	tyʃyryp aluu
descer (para baixo)	ылдый түшүү	ıldıj tyʃyy
desculpar (vt)	кечирүү	ketʃiryy
desculpar-se (vr)	кечирим суроо	ketʃirim suroo
dirigir (~ uma empresa)	башкаруу	baʃkaruu
discutir (notícias, etc.)	талкуулоо	talkuuloo
disparar, atirar (vi)	атуу	atuu
dizer (vt)	айтуу	ajtuu

duvidar (vt)	күмөн саноо	kymøn sanoo
encontrar (achar)	таап алуу	taap aluu
enganar (vt)	алдоо	aldoo
entender (vt)	түшүнүү	tyʃynyy
entrar (na sala, etc.)	кирүү	kiryy
enviar (uma carta)	жөнөтүү	dʒønøtyy
errar (enganar-se)	ката кетирүү	kata ketiryy
escolher (vt)	тандоо	tandoo
esconder (vt)	жашыруу	dʒaʃıruu
escrever (vt)	жазуу	dʒazuu
esperar (aguardar)	күтүү	kytyy
esperar (ter esperança)	үмүттөнүү	ymyttønyy
esquecer (vt)	унутуу	unutuu
estudar (vt)	окуу	okuu
exigir (vt)	талап кылуу	talap kıluu
existir (vi)	чыгуу	tʃıguu
explicar (vt)	түшүндүрүү	tyʃyndyryy
falar (vi)	сүйлөө	syjløø
faltar (a la escuela, etc.)	калтыруу	kaltıruu
fazer (vt)	кылуу	kıluu
ficar em silêncio	унчукпоо	untʃukpoo
gabar-se (vr)	мактануу	maktanuu
gostar (apreciar)	жактыруу	dʒaktıruu
gritar (vi)	кыйкыруу	kıjkıruu
guardar (fotos, etc.)	сактоо	saktoo
informar (vt)	маалымат берүү	maalımat beryy
insistir (vi)	көшөрүү	køʃøryy
insultar (vt)	кемсинтүү	kemsintyy
interessar-se (vr)	... кызыгуу	... kızıguu
ir (a pé)	жөө басуу	dʒøø basuu
ir nadar	сууга түшүү	suuga tyʃyy
jantar (vi)	кечки тамакты ичүү	ketʃki tamaktı itʃyy

10. Os verbos mais importantes. Parte 3

ler (vt)	окуу	okuu
libertar, liberar (vt)	бошотуу	boʃotuu
matar (vt)	өлтүрүү	øltyryy
mencionar (vt)	айтып өтүү	ajtıp øtyy
mostrar (vt)	көрсөтүү	kørsøtyy
mudar (modificar)	өзгөртүү	øzgørtyy
nadar (vi)	сүзүү	syzyy
negar-se a ... (vr)	баш тартуу	baʃ tartuu
objetar (vt)	каршы болуу	karʃı boluu
observar (vt)	байкоо салуу	bajkoo
ordenar (mil.)	буйрук кылуу	bujruk kıluu

ouvir (vt)	угуу	uguu
pagar (vt)	төлөө	tøløø
parar (vi)	токтоо	toktoo

parar, cessar (vt)	токтотуу	toktotuu
participar (vi)	катышуу	katıʃuu
pedir (comida, etc.)	буйрутма кылуу	bujrutma kıluu
pedir (um favor, etc.)	суроо	suroo
pegar (tomar)	алуу	aluu

pegar (uma bola)	кармоо	karmoo
pensar (vi, vt)	ойлоо	ojloo
perceber (ver)	байкоо	bajkoo
perdoar (vt)	кечирүү	ketʃiryy
perguntar (vt)	суроо	suroo

permitir (vt)	уруксат берүү	uruksat beryy
pertencer a … (vi)	таандык болуу	taandık boluu
planejar (vt)	пландаштыруу	plandaʃtıruu
poder (~ fazer algo)	жасай алуу	dʒasaj aluu
possuir (uma casa, etc.)	ээ болуу	ee boluu

preferir (vt)	артык көрүү	artık køryy
preparar (vt)	тамак бышыруу	tamak bıʃıruu
prever (vt)	күтүү	kytyy
prometer (vt)	убада берүү	ubada beryy
pronunciar (vt)	айтуу	ajtuu

propor (vt)	сунуштоо	sunuʃtoo
punir (castigar)	жазалоо	dʒazaloo
quebrar (vt)	сындыруу	sındıruu
queixar-se de …	арызздануу	arızdanuu
querer (desejar)	каалоо	kaaloo

11. Os verbos mais importantes. Parte 4

ralhar, repreender (vt)	урушуу	uruʃuu
recomendar (vt)	сунуштоо	sunuʃtoo
repetir (dizer outra vez)	кайталоо	kajtaloo
reservar (~ um quarto)	камдык буйрутмалоо	kamdık bujrutmaloo
responder (vt)	жооп берүү	dʒoop beryy

rezar, orar (vi)	дуба кылуу	duba kıluu
rir (vi)	күлүү	kylyy
roubar (vt)	уурдоо	uurdoo
saber (vt)	билүү	bilyy
sair (~ de casa)	чыгуу	tʃıguu

salvar (resgatar)	куткаруу	kutkaruu
seguir (~ alguém)	… ээрчүү	… eertʃyy
sentar-se (vr)	отуруу	oturuu
ser necessário	керек болуу	kerek boluu
ser, estar	болуу	boluu
significar (vt)	билдирүү	bildiryy

sorrir (vi)	жылмаюу	dʒılmadʒɥu
subestimar (vt)	баалабоо	baalaboo
surpreender-se (vr)	таӈ калуу	taŋ kaluu
tentar (~ fazer)	аракет кылуу	araket kıluu
ter (vt)	бар болуу	bar boluu
ter fome	ачка болуу	atʃka boluu
ter medo	жазкануу	dʒazkanuu
ter sede	суусап калуу	suusap kaluu
tocar (com as mãos)	тийүү	tijyy
tomar café da manhã	эртеӈ менен тамактануу	erteŋ menen tamaktanuu
trabalhar (vi)	иштөө	iʃtøø
traduzir (vt)	которуу	kotoruu
unir (vt)	бириктирүү	biriktiryy
vender (vt)	сатуу	satuu
ver (vt)	көрүү	køryy
virar (~ para a direita)	бурулуу	buruluu
voar (vi)	учуу	utʃuu

12. Cores

cor (f)	түс	tys
tom (m)	кошумча түс	koʃumtʃa tys
tonalidade (m)	кубулуу	kubuluu
arco-íris (m)	күндүн кулагы	kyndyn kulagı
branco (adj)	ак	ak
preto (adj)	кара	kara
cinza (adj)	боз	boz
verde (adj)	жашыл	dʒaʃıl
amarelo (adj)	сары	sarı
vermelho (adj)	кызыл	kızıl
azul (adj)	көк	køk
azul claro (adj)	көгүлтүр	køgyltyr
rosa (adj)	мала	mala
laranja (adj)	кызгылт сары	kızgılt sarı
violeta (adj)	сыя көк	sıja køk
marrom (adj)	күрөӈ	kyrøŋ
dourado (adj)	алтын түстүү	altın tystyy
prateado (adj)	күмүш өӈдүү	kymyʃ øŋdyy
bege (adj)	сары боз	sarı boz
creme (adj)	саргылт	sargılt
turquesa (adj)	бирюза	birʉza
vermelho cereja (adj)	кочкул кызыл	kotʃkul kızıl
lilás (adj)	кызгылт көгүш	kızgılt køgyʃ
carmim (adj)	ачык кызыл	atʃık kızıl
claro (adj)	ачык	atʃık
escuro (adj)	күӈүрт	kyŋyrt

vivo (adj)	ачык	atʃık
de cor	түстүү	tystyy
a cores	түстүү	tystyy
preto e branco (adj)	ак-кара	ak-kara
unicolor (de uma só cor)	бир өнчөй түстө	bir øŋtʃøj tystø
multicolor (adj)	ар түрдүү түстө	ar tyrdyy tystø

13. Questões

Quem?	Ким?	kim?
O que?	Эмне?	emne?
Onde?	Каерде?	kaerde?
Para onde?	Каяка?	kajaka?
De onde?	Каяктан?	kajaktan?
Quando?	Качан?	katʃan?
Para quê?	Эмне үчүн?	emne ytʃyn?
Por quê?	Эмнеге?	emnege?
Para quê?	Кайсы керекке?	kajsı kerekke?
Como?	Кандай?	kandaj?
Qual (~ é o problema?)	Кайсы?	kajsı?
Qual (~ deles?)	Кайсынысы?	kajsınısı?
A quem?	Кимге?	kimge?
De quem?	Ким жөнүндө?	kim dʒønyndø?
Do quê?	Эмне жөнүндө?	emne dʒønyndø?
Com quem?	Ким менен?	kim menen?
Quanto, -os, -as?	Канча?	kantʃa?
De quem? (masc.)	Кимдики?	kimdiki?
De quem? (fem.)	Кимдики?	kimdiki?
De quem são ...?	Кимдердики?	kimderdiki?

14. Palavras funcionais. Advérbios. Parte 1

Onde?	Каерде?	kaerde?
aqui	бул жерде	bul dʒerde
lá, ali	тээтигил жакта	teetigil dʒakta
em algum lugar	бир жерде	bir dʒerde
em lugar nenhum	эч жакта	etʃ dʒakta
perto de ...	... жанында	... dʒanında
perto da janela	терезенин жанында	terezenin dʒanında
Para onde?	Каяка?	kajaka?
aqui	бери	beri
para lá	нары	narı
daqui	бул жерден	bul dʒerden
de lá, dali	тигил жерден	tigil dʒerden
perto	жакын	dʒakın
longe	алыс	alıs

perto de ...	... тегерегинде	... tegereginde
à mão, perto	жакын арада	dʒakın arada
não fica longe	алыс эмес	alıs emes

esquerdo (adj)	сол	sol
à esquerda	сол жакта	sol dʒakta
para a esquerda	солго	solgo

direito (adj)	оң	oŋ
à direita	оң жакта	oŋ dʒakta
para a direita	оңго	oŋgo

em frente	астыда	astıda
da frente	алдыңкы	aldıŋkı
adiante (para a frente)	алдыга	aldıga

atrás de ...	артында	artında
de trás	артынан	artınan
para trás	артка	artka

| meio (m), metade (f) | ортосу | ortosu |
| no meio | ортосунда | ortosunda |

do lado	капталында	kaptalında
em todo lugar	бүт жерде	byt dʒerde
por todos os lados	айланасында	ajlanasında

de dentro	ичинде	itʃinde
para algum lugar	бир жерде	bir dʒerde
diretamente	түз	tyz
de volta	кайра	kajra

| de algum lugar | бир жерден | bir dʒerden |
| de algum lugar | бир жактан | bir dʒaktan |

em primeiro lugar	биринчиден	birintʃiden
em segundo lugar	экинчиден	ekintʃiden
em terceiro lugar	үчүнчүдөн	ytʃyntʃydøn

de repente	күтпөгөн жерден	kytpøgøn dʒerden
no início	башында	baʃında
pela primeira vez	биринчи жолу	birintʃi dʒolu
muito antes de ...	... алдында	... aldında
de novo	башынан	baʃınan
para sempre	түбөлүккө	tybølykkø

nunca	эч качан	etʃ katʃan
de novo	кайра	kajra
agora	эми	emi
frequentemente	көпчүлүк учурда	køptʃylyk utʃurda
então	анда	anda
urgentemente	тезинен	tezinen
normalmente	көбүнчө	købyntʃø

| a propósito, ... | баса, ... | basa, ... |
| é possível | мүмкүн | mymkyn |

provavelmente	балким	balkim
talvez	ыктымал	ıktımal
além disso, ...	андан тышкары, ...	andan tıʃkarı, ...
por isso ...	ошондуктан ...	oʃonduktan ...
apesar de ...	... карабастан	... karabastan
graças a ...	... күчү менен	... kytʃy menen

que (pron.)	эмне	emne
que (conj.)	эмне	emne
algo	бир нерсе	bir nerse
alguma coisa	бир нерсе	bir nerse
nada	эч нерсе	etʃ nerse

quem	ким	kim
alguém (~ que ...)	кимдир бирөө	kimdir birøø
alguém (com ~)	бирөө жарым	birøø dʒarım

ninguém	эч ким	etʃ kim
para lugar nenhum	эч жака	etʃ dʒaka
de ninguém	эч кимдики	etʃ kimdiki
de alguém	бирөөнүкү	birøønyky

tão	эми	emi
também (gostaria ~ de ...)	ошондой эле	oʃondoj ele
também (~ eu)	дагы	dagı

15. Palavras funcionais. Advérbios. Parte 2

Por quê?	Эмнеге?	emnege?
por alguma razão	эмнегедир	emnegedir
porque ...	... себептен	... sebepten
por qualquer razão	эмне үчүндүр	emne ytʃyndyr

e (tu ~ eu)	жана	dʒana
ou (ser ~ não ser)	же	dʒe
mas (porém)	бирок	birok
para (~ a minha mãe)	үчүн	ytʃyn

muito, demais	өтө эле	øtø ele
só, somente	азыр эле	azır ele
exatamente	так	tak
cerca de (~ 10 kg)	болжол менен	boldʒol menen

aproximadamente	болжол менен	boldʒol menen
aproximado (adj)	болжолдуу	boldʒolduu
quase	дээрлик	deerlik
resto (m)	калганы	kalganı

o outro (segundo)	башка	baʃka
outro (adj)	башка бөлөк	baʃka bøløk
cada (adj)	ар бири	ar biri
qualquer (adj)	баардык	baardık
muito, muitos, muitas	көп	køp
muitas pessoas	көбү	køby

todos	баары	baarı
em troca de …	… алмашуу	… almaʃuu
em troca	ордуна	orduna
à mão	колго	kolgo
pouco provável	ишенүүгө болбойт	iʃenyygø bolbojt
provavelmente	балким	balkim
de propósito	атайын	atajın
por acidente	кокустан	kokustan
muito	аябай	ajabaj
por exemplo	мисалы	misalı
entre	ортосунда	ortosunda
entre (no meio de)	арасында	arasında
tanto	ошончо	oʃontʃo
especialmente	өзгөчө	øzgøtʃø

Conceitos básicos. Parte 2

16. Opostos

rico (adj)	бай	baj
pobre (adj)	кедей	kedej
doente (adj)	оорулуу	ooruluu
bem (adj)	дени сак	deni sak
grande (adj)	чоң	ʧoŋ
pequeno (adj)	кичине	kiʧine
rapidamente	тез	tez
lentamente	жай	ʤaj
rápido (adj)	тез	tez
lento (adj)	жай	ʤaj
alegre (adj)	шайыр	ʃajır
triste (adj)	мунудуу	munduu
juntos (ir ~)	бирге	birge
separadamente	өзүнчө	øzynʧø
em voz alta (ler ~)	үн чыгарып	yn ʧıgarıp
para si (em silêncio)	үн чыгарбай	yn ʧıgarbaj
alto (adj)	бийик	bijik
baixo (adj)	жапыз	ʤapız
profundo (adj)	терең	tereŋ
raso (adj)	тайыз	tajız
sim	ооба	ooba
não	жок	ʤok
distante (adj)	алыс	alıs
próximo (adj)	жакын	ʤakın
longe	алыс	alıs
à mão, perto	жакын арада	ʤakın arada
longo (adj)	узун	uzun
curto (adj)	кыска	kıska
bom (bondoso)	кайрымдуу	kajrımduu
mal (adj)	каардуу	kaarduu
casado (adj)	аялы бар	ajalı bar

solteiro (adj)	бойдок	bojdok
proibir (vt)	тыюу салуу	tıjuu saluu
permitir (vt)	уруксат берүү	uruksat beryy
fim (m)	аягы	ajagı
início (m)	башталыш	baʃtalıʃ
esquerdo (adj)	сол	sol
direito (adj)	оң	oŋ
primeiro (adj)	биринчи	birintʃi
último (adj)	акыркы	akırkı
crime (m)	кылмыш	kılmıʃ
castigo (m)	жаза	dʒaza
ordenar (vt)	буйрук кылуу	bujruk kıluu
obedecer (vt)	баш ийүү	baʃ ijyy
reto (adj)	түз	tyz
curvo (adj)	кыйшак	kıjʃak
paraíso (m)	бейиш	bejiʃ
inferno (m)	тозок	tozok
nascer (vi)	төрөлүү	tørølyy
morrer (vi)	өлүү	ølyy
forte (adj)	күчтүү	kytʃtyy
fraco, débil (adj)	алсыз	alsız
velho, idoso (adj)	эски	eski
jovem (adj)	жаш	dʒaʃ
velho (adj)	эски	eski
novo (adj)	жаңы	dʒaŋı
duro (adj)	катуу	katuu
macio (adj)	жумшак	dʒumʃak
quente (adj)	жылуу	dʒıluu
frio (adj)	муздак	muzdak
gordo (adj)	семиз	semiz
magro (adj)	арык	arık
estreito (adj)	тар	tar
largo (adj)	кең	keŋ
bom (adj)	жакшы	dʒakʃı
mau (adj)	жаман	dʒaman
valente, corajoso (adj)	кайраттуу	kajrattuu
covarde (adj)	суу жүрөк	suu dʒyrøk

17. Dias da semana

segunda-feira (f)	дүйшөмбү	dyjʃømby
terça-feira (f)	шейшемби	ʃejʃembi
quarta-feira (f)	шаршемби	ʃarʃembi
quinta-feira (f)	бейшемби	bejʃembi
sexta-feira (f)	жума	dʒuma
sábado (m)	ишенби	iʃenbi
domingo (m)	жекшемби	dʒekʃembi
hoje	бүгүн	bygyn
amanhã	эртең	erteŋ
depois de amanhã	бирсүгүнү	birsygyny
ontem	кечээ	ketʃee
anteontem	мурда күнү	murda kyny
dia (m)	күн	kyn
dia (m) de trabalho	иш күнү	iʃ kyny
feriado (m)	майрам күнү	majram kyny
dia (m) de folga	дем алыш күн	dem alıʃ kyn
fim (m) de semana	дем алыш күндөр	dem alıʃ kyndør
o dia todo	күнү бою	kyny boju
no dia seguinte	кийинки күнү	kijinki kyny
há dois dias	эки күн мурун	eki kyn murun
na véspera	жакында	dʒakında
diário (adj)	күндө	kyndø
todos os dias	күн сайын	kyn sajın
semana (f)	жума	dʒuma
na semana passada	өткөн жумада	øtkøn dʒumada
semana que vem	келаткан жумада	kelatkan dʒumada
semanal (adj)	жума сайын	dʒuma sajın
toda semana	жума сайын	dʒuma sajın
duas vezes por semana	жумасына эки жолу	dʒumasına eki dʒolu
toda terça-feira	ар шейшемби	ar ʃejʃembi

18. Horas. Dia e noite

manhã (f)	таң	taŋ
de manhã	эртең менен	erteŋ menen
meio-dia (m)	жарым күн	dʒarım kyn
à tarde	түштөн кийин	tyʃtøn kijin
tardinha (f)	кеч	ketʃ
à tardinha	кечинде	ketʃinde
noite (f)	түн	tyn
à noite	түндө	tyndø
meia-noite (f)	жарым түн	dʒarım tyn
segundo (m)	секунда	sekunda
minuto (m)	мүнөт	mynøt
hora (f)	саат	saat

meia hora (f)	жарым саат	dʒarım saat
quarto (m) de hora	чейрек саат	tʃejrek saat
quinze minutos	он беш мүнөт	on beʃ mynøt
vinte e quatro horas	сутка	sutka
nascer (m) do sol	күндүн чыгышы	kyndyn tʃıgıʃı
amanhecer (m)	таң агаруу	taŋ agaruu
madrugada (f)	таң эрте	taŋ erte
pôr-do-sol (m)	күн батуу	kyn batuu
de madrugada	таң эрте	taŋ erte
esta manhã	бүгүн эртең менен	bygyn erteŋ menen
amanhã de manhã	эртең эртең менен	erteŋ erteŋ menen
esta tarde	күндүзү	kyndyzy
à tarde	түштөн кийин	tyʃtøn kijin
amanhã à tarde	эртең түштөн кийин	erteŋ tyʃtøn kijin
esta noite, hoje à noite	бүгүн кечинде	bygyn ketʃinde
amanhã à noite	эртең кечинде	erteŋ ketʃinde
às três horas em ponto	туура саат үчтө	tuura saat ytʃtø
por volta das quatro	болжол менен төрт саат	boldʒol menen tørt saat
às doze	саат он экиде	saat on ekide
em vinte minutos	жыйырма мүнөттөн кийин	dʒijırma mynøttøn kijin
em uma hora	бир сааттан кийин	bir saattan kijin
a tempo	өз убагында	øz ubagında
... um quarto para	... он беш мүнөт калды	... on beʃ mynøt kaldı
dentro de uma hora	бир сааттын ичинде	bir saattın itʃinde
a cada quinze minutos	он беш мүнөт сайын	on beʃ mynøt sajın
as vinte e quatro horas	бир сутка бою	bir sutka boju

19. Meses. Estações

janeiro (m)	январь	janvarʲ
fevereiro (m)	февраль	fevralʲ
março (m)	март	mart
abril (m)	апрель	aprelʲ
maio (m)	май	maj
junho (m)	июнь	ijʉnʲ
julho (m)	июль	ijʉlʲ
agosto (m)	август	avgust
setembro (m)	сентябрь	sentʲabrʲ
outubro (m)	октябрь	oktʲabrʲ
novembro (m)	ноябрь	nojabrʲ
dezembro (m)	декабрь	dekabrʲ
primavera (f)	жаз	dʒaz
na primavera	жазында	dʒazında
primaveril (adj)	жазгы	dʒazgı
verão (m)	жай	dʒaj

no verão	жайында	dʒajɯnda
de verão	жайкы	dʒajkɯ
outono (m)	күз	kyz
no outono	күзүндө	kyzyndø
outonal (adj)	күздүк	kyzdyk
inverno (m)	кыш	kɯʃ
no inverno	кышында	kɯʃɯnda
de inverno	кышкы	kɯʃkɯ
mês (m)	ай	aj
este mês	ушул айда	uʃul ajda
mês que vem	кийинки айда	kijinki ajda
no mês passado	өткөн айда	øtkøn ajda
um mês atrás	бир ай мурун	bir aj murun
em um mês	бир айдан кийин	bir ajdan kijin
em dois meses	эки айдан кийин	eki ajdan kijin
todo o mês	ай бою	aj bojʉ
um mês inteiro	толук бир ай	toluk bir aj
mensal (adj)	ай сайын	aj sajɯn
mensalmente	ай сайын	aj sajɯn
todo mês	ар бир айда	ar bir ajda
duas vezes por mês	айына эки жолу	ajɯna eki dʒolu
ano (m)	жыл	dʒɯl
este ano	бул жылы	bul dʒɯlɯ
ano que vem	келаткан жылы	kelatkan dʒɯlɯ
no ano passado	өткөн жылы	øtkøn dʒɯlɯ
há um ano	бир жыл мурун	bir dʒɯl murun
em um ano	бир жылдан кийин	bir dʒɯldan kijin
dentro de dois anos	эки жылдан кийин	eki dʒɯldan kijin
todo o ano	жыл бою	dʒɯl bodʒʉ
um ano inteiro	толук бир жыл	toluk bir dʒɯl
cada ano	ар жыл сайын	ar dʒɯl sajɯn
anual (adj)	жыл сайын	dʒɯl sajɯn
anualmente	жыл сайын	dʒɯl sajɯn
quatro vezes por ano	жылына төрт жолу	dʒɯlɯna tørt dʒolu
data (~ de hoje)	число	tʃislo
data (ex. ~ de nascimento)	күн	kyn
calendário (m)	календарь	kalendarʲ
meio ano	жарым жыл	dʒarɯm dʒɯl
seis meses	жарым чейрек	dʒarɯm tʃejrek
estação (f)	мезгил	mezgil
século (m)	кылым	kɯlɯm

20. Tempo. Diversos

tempo (m)	убакыт	ubakɯt
momento (m)	учур	utʃur

instante (m)	көз ирмемде	køz irmemde
instantâneo (adj)	көз ирмемде	køz irmemde
lapso (m) de tempo	убакыттын бир бөлүгү	ubakıttın bir bølygy
vida (f)	жашоо	dʒaʃoo
eternidade (f)	түбөлүк	tybølyk
época (f)	доор	door
era (f)	заман	zaman
ciclo (m)	мерчим	mertʃim
período (m)	мезгил	mezgil
prazo (m)	мөөнөт	møønøt
futuro (m)	келечек	keletʃek
futuro (adj)	келечек	keletʃek
da próxima vez	кийинки жолу	kijinki dʒolu
passado (m)	өткөн	øtkøn
passado (adj)	өткөн	øtkøn
na última vez	өткөндө	øtkøndø
mais tarde	кийнчерээк	kijntʃereek
depois de ...	кийин	kijin
atualmente	азыр, учурда	azır, utʃurda
agora	азыр	azır
imediatamente	тез арада	tez arada
em breve	жакында	dʒakında
de antemão	алдын ала	aldın ala
há muito tempo	көп убакыт мурун	køp ubakıt murun
recentemente	жакындан бери	dʒakından beri
destino (m)	тагдыр	tagdır
recordações (f pl)	эсте калганы	este kalganı
arquivo (m)	архив	arxiv
durante ...	... убагында	... ubagında
durante muito tempo	узак	uzak
pouco tempo	узак эмес	uzak emes
cedo (levantar-se ~)	эрте	erte
tarde (deitar-se ~)	кеч	ketʃ
para sempre	түбөлүк	tybølyk
começar (vt)	баштоо	baʃtoo
adiar (vt)	жылдыруу	dʒıldıruu
ao mesmo tempo	бир учурда	bir utʃurda
permanentemente	үзгүлтүксүз	yzgyltyksyz
constante (~ ruído, etc.)	үзгүлтүксүз	yzgyltyksyz
temporário (adj)	убактылуу	ubaktıluu
às vezes	кедээ	kedee
raras vezes, raramente	чанда	tʃanda
frequentemente	көпчүлүк учурда	køptʃylyk utʃurda

21. Linhas e formas

quadrado (m)	чарчы	tʃartʃı
quadrado (adj)	чарчы	tʃartʃı

círculo (m)	тегерек	tegerek
redondo (adj)	тегерек	tegerek
triângulo (m)	үч бурчтук	ytʃ burtʃtuk
triangular (adj)	үч бурчтуу	ytʃ burtʃtuu
oval (f)	жумуру	dʒumuru
oval (adj)	жумуру	dʒumuru
retângulo (m)	тик бурчтук	tik burtʃtuk
retangular (adj)	тик бурчтуу	tik burtʃtuu
pirâmide (f)	пирамида	piramida
losango (m)	ромб	romb
trapézio (m)	трапеция	trapetsija
cubo (m)	куб	kub
prisma (m)	призма	prizma
circunferência (f)	айлана	ajlana
esfera (f)	сфера	sfera
globo (m)	шар	ʃar
diâmetro (m)	диаметр	diametr
raio (m)	радиус	radius
perímetro (m)	периметр	perimetr
centro (m)	борбор	borbor
horizontal (adj)	туурасынан	tuurasınan
vertical (adj)	тикесинен	tikesinen
paralela (f)	параллель	parallelʲ
paralelo (adj)	параллель	parallelʲ
linha (f)	сызык	sızık
traço (m)	сызык	sızık
reta (f)	түз сызык	tyz sızık
curva (f)	кыйшык сызык	kıjʃık sızık
fino (linha ~a)	ичке	itʃke
contorno (m)	караан	karaan
interseção (f)	кесилиш	kesiliʃ
ângulo (m) reto	тик бурч	tik burtʃ
segmento (m)	сегмент	segment
setor (m)	сектор	sektor
lado (de um triângulo, etc.)	каптал	kaptal
ângulo (m)	бурч	burtʃ

22. Unidades de medida

peso (m)	салмак	salmak
comprimento (m)	узундук	uzunduk
largura (f)	жазылык	dʒazılık
altura (f)	бийиктик	bijiktik
profundidade (f)	терендик	terendik
volume (m)	көлөм	køløm
área (f)	аянт	ajant
grama (m)	грамм	gramm
miligrama (m)	миллиграмм	milligramm

quilograma (m)	килограмм	kilogramm
tonelada (f)	тонна	tonna
libra (453,6 gramas)	фунт	funt
onça (f)	унция	untsija

metro (m)	метр	metr
milímetro (m)	миллиметр	millimetr
centímetro (m)	сантиметр	santimetr
quilômetro (m)	километр	kilometr
milha (f)	миля	milʲa

polegada (f)	дюйм	dujm
pé (304,74 mm)	фут	fut
jarda (914,383 mm)	ярд	jard

metro (m) quadrado	квадраттык метр	kvadrattık metr
hectare (m)	гектар	gektar

litro (m)	литр	litr
grau (m)	градус	gradus
volt (m)	вольт	volʲt
ampère (m)	ампер	amper
cavalo (m) de potência	ат күчү	at kytʃy

quantidade (f)	саны	sanı
um pouco de ...	... бир аз	... bir az
metade (f)	жарым	dʒarım
dúzia (f)	он эки даана	on eki daana
peça (f)	даана	daana

tamanho (m), dimensão (f)	чоңдук	tʃoŋduk
escala (f)	өлчөмчен	øltʃømtʃen

mínimo (adj)	минималдуу	minimalduu
menor, mais pequeno	эң кичинекей	eŋ kitʃinekej
médio (adj)	орточо	ortotʃo
máximo (adj)	максималдуу	maksimalduu
maior, mais grande	эң чоң	eŋ tʃoŋ

23. Recipientes

pote (m) de vidro	банка	banka
lata (~ de cerveja)	банка	banka
balde (m)	чака	tʃaka
barril (m)	бочка	botʃka

bacia (~ de plástico)	дагара	dagara
tanque (m)	бак	bak
cantil (m) de bolso	фляжка	flʲadʒka
galão (m) de gasolina	канистра	kanistra
cisterna (f)	цистерна	tsısterna

caneca (f)	кружка	krudʒka
xícara (f)	чейчек	tʃøjtʃøk

pires (m)	табак	tabak
copo (m)	ыстакан	ıstakan
taça (f) de vinho	бокал	bokal
panela (f)	мискей	miskej
garrafa (f)	бөтөлкө	bøtølkø
gargalo (m)	оозу	oozu
jarra (f)	графин	grafin
jarro (m)	кумура	kumura
recipiente (m)	идиш	idiʃ
pote (m)	карапа	karapa
vaso (m)	ваза	vaza
frasco (~ de perfume)	флакон	flakon
frasquinho (m)	кичине бөтөлкө	kitʃine bøtølkø
tubo (m)	тюбик	tubik
saco (ex. ~ de açúcar)	кап	kap
sacola (~ plastica)	пакет	paket
maço (de cigarros, etc.)	пачке	patʃke
caixa (~ de sapatos, etc.)	куту	kutu
caixote (~ de madeira)	үкөк	ykøk
cesto (m)	себет	sebet

24. Materiais

material (m)	материал	material
madeira (f)	жыгач	dʒıgatʃ
de madeira	жыгач	dʒıgatʃ
vidro (m)	айнек	ajnek
de vidro	айнек	ajnek
pedra (f)	таш	taʃ
de pedra	таш	taʃ
plástico (m)	пластик	plastik
plástico (adj)	пластик	plastik
borracha (f)	резина	rezina
de borracha	резина	rezina
tecido, pano (m)	кездеме	kezdeme
de tecido	кездеме	kezdeme
papel (m)	кагаз	kagaz
de papel	кагаз	kagaz
papelão (m)	картон	karton
de papelão	картон	karton
polietileno (m)	полиэтилен	polietilen
celofane (m)	целлофан	tsellofan

linóleo (m)	линолеум	linoleum
madeira (f) compensada	фанера	fanera
porcelana (f)	фарфор	farfor
de porcelana	фарфор	farfor
argila (f), barro (m)	чопо	tʃopo
de barro	чопо	tʃopo
cerâmica (f)	карапа	karapa
de cerâmica	карапа	karapa

25. Metais

metal (m)	металл	metall
metálico (adj)	металл	metall
liga (f)	эритме	eritme
ouro (m)	алтын	altın
de ouro	алтын	altın
prata (f)	күмүш	kymyʃ
de prata	күмүш	kymyʃ
ferro (m)	темир	temir
de ferro	темир	temir
aço (m)	болот	bolot
de aço (adj)	болот	bolot
cobre (m)	жез	dʒez
de cobre	жез	dʒez
alumínio (m)	алюминий	aluminij
de alumínio	алюминий	aluminij
bronze (m)	коло	kolo
de bronze	коло	kolo
latão (m)	латунь	latunʲ
níquel (m)	никель	nikelʲ
platina (f)	платина	platina
mercúrio (m)	сымап	sımap
estanho (m)	калай	kalaj
chumbo (m)	коргошун	korgoʃun
zinco (m)	цинк	tsınk

O SER HUMANO

O ser humano. O corpo

26. Humanos. Conceitos básicos

ser (m) humano	адам	adam
homem (m)	эркек	erkek
mulher (f)	аял	ajal
criança (f)	бала	bala
menina (f)	кыз бала	kız bala
menino (m)	бала	bala
adolescente (m)	өспүрүм	øspyrym
velho (m)	абышка	abıʃka
velha (f)	кемпир	kempir

27. Anatomia humana

organismo (m)	организм	organizm
coração (m)	жүрөк	dʒyrøk
sangue (m)	кан	kan
artéria (f)	артерия	arterija
veia (f)	вена	vena
cérebro (m)	мээ	mee
nervo (m)	нерв	nerv
nervos (m pl)	нервдер	nervder
vértebra (f)	омуртка	omurtka
coluna (f) vertebral	кыр арка	kır arka
estômago (m)	ашказан	aʃkazan
intestinos (m pl)	ичеги-карын	itʃegi-karın
intestino (m)	ичеги	itʃegi
fígado (m)	боор	boor
rim (m)	бөйрөк	bøjrøk
osso (m)	сөөк	søøk
esqueleto (m)	скелет	skelet
costela (f)	кабырга	kabırga
crânio (m)	баш сөөгү	baʃ søøgy
músculo (m)	булчуң	bultʃuŋ
bíceps (m)	бицепс	bitseps
tríceps (m)	трицепс	tritseps
tendão (m)	тарамыш	taramıʃ
articulação (f)	муундар	muundar

pulmões (m pl)	өпкө	øpkø
órgãos (m pl) genitais	жан жер	dʒan dʒer
pele (f)	тери	teri

28. Cabeça

cabeça (f)	баш	baʃ
rosto, cara (f)	бет	bet
nariz (m)	мурун	murun
boca (f)	ооз	ooz

olho (m)	көз	køz
olhos (m pl)	көздөр	køzdør
pupila (f)	карек	karek
sobrancelha (f)	каш	kaʃ
cílio (f)	кирпик	kirpik
pálpebra (f)	кабак	kabak

língua (f)	тил	til
dente (m)	тиш	tiʃ
lábios (m pl)	эриндер	erinder
maçãs (f pl) do rosto	бет сөөгү	bet søøgy
gengiva (f)	тиш эти	tiʃ eti
palato (m)	таңдай	taŋdaj

narinas (f pl)	мурун тешиги	murun teʃigi
queixo (m)	ээк	eek
mandíbula (f)	жаак	dʒaak
bochecha (f)	бет	bet

testa (f)	чеке	tʃeke
têmpora (f)	чыкый	tʃɪkɪj
orelha (f)	кулак	kulak
costas (f pl) da cabeça	желке	dʒelke
pescoço (m)	моюн	mojʉn
garganta (f)	тамак	tamak

cabelo (m)	чач	tʃatʃ
penteado (m)	чач жасоо	tʃatʃ dʒasoo
corte (m) de cabelo	чач кыркуу	tʃatʃ kɪrkuu
peruca (f)	парик	parik

bigode (m)	мурут	murut
barba (f)	сакал	sakal
ter (~ barba, etc.)	мурут коюу	murut kojʉu
trança (f)	өрүм чач	ørym tʃatʃ
suíças (f pl)	бакенбарда	bakenbarda

ruivo (adj)	сары	sarɪ
grisalho (adj)	ак чачтуу	ak tʃatʃtuu
careca (adj)	таз	taz
calva (f)	кашка	kaʃka
rabo-de-cavalo (m)	куйрук	kujruk
franja (f)	көкүл	køkyl

29. Corpo humano

mão (f)	беш манжа	beʃ mandʒa
braço (m)	кол	kol
dedo (m)	манжа	mandʒa
dedo (m) do pé	манжа	mandʒa
polegar (m)	бармак	barmak
dedo (m) mindinho	чыпалак	tʃɪpalak
unha (f)	тырмак	tɪrmak
punho (m)	муштум	muʃtum
palma (f)	алакан	alakan
pulso (m)	билек	bilek
antebraço (m)	каруу	karuu
cotovelo (m)	чыканак	tʃɪkanak
ombro (m)	ийин	ijin
perna (f)	бут	but
pé (m)	таман	taman
joelho (m)	тизе	tize
panturrilha (f)	балтыр	baltɪr
quadril (m)	сан	san
calcanhar (m)	согончок	sogontʃok
corpo (m)	дене	dene
barriga (f), ventre (m)	курсак	kursak
peito (m)	төш	tøʃ
seio (m)	эмчек	emtʃek
lado (m)	каптал	kaptal
costas (dorso)	арка жон	arka dʒon
região (f) lombar	бел	bel
cintura (f)	бел	bel
umbigo (m)	киндик	kindik
nádegas (f pl)	жамбаш	dʒambaʃ
traseiro (m)	көчүк	køtʃyk
sinal (m), pinta (f)	мең	meŋ
sinal (m) de nascença	кал	kal
tatuagem (f)	татуировка	tatuirovka
cicatriz (f)	тырык	tɪrɪk

Vestuário & Acessórios

30. Roupa exterior. Casacos

roupa (f)	кийим	kijim
roupa (f) exterior	үстүнкү кийим	ystyŋky kijim
roupa (f) de inverno	кышкы кийим	kıʃkı kijim
sobretudo (m)	пальто	palʲto
casaco (m) de pele	тон	ton
jaqueta (f) de pele	чолок тон	tʃolok ton
casaco (m) acolchoado	мамык олпок	mamık olpok
casaco (m), jaqueta (f)	күрмө	kyrmø
impermeável (m)	плащ	plaʃtʃ
a prova d'água	суу өткүс	suu øtkys

31. Vestuário de homem & mulher

camisa (f)	көйнөк	køjnøk
calça (f)	шым	ʃım
jeans (m)	джинсы	dʒinsı
paletó, terno (m)	бешмант	beʃmant
terno (m)	костюм	kostʉm
vestido (ex. ~ de noiva)	көйнөк	køjnøk
saia (f)	юбка	jʉbka
blusa (f)	блузка	bluzka
casaco (m) de malha	кофта	kofta
casaco, blazer (m)	кыска бешмант	kıska beʃmant
camiseta (f)	футболка	futbolka
short (m)	чолок шым	tʃolok ʃım
training (m)	спорт кийими	sport kijimi
roupão (m) de banho	халат	χalat
pijama (m)	пижама	pidʒama
suéter (m)	свитер	sviter
pulôver (m)	пуловер	pulover
colete (m)	жилет	dʒilet
fraque (m)	фрак	frak
smoking (m)	смокинг	smoking
uniforme (m)	форма	forma
roupa (f) de trabalho	жумуш кийим	dʒumuʃ kijim
macacão (m)	комбинезон	kombinezon
jaleco (m), bata (f)	халат	χalat

32. Vestuário. Roupa interior

roupa (f) íntima	ич кийим	itʃ kijim
cueca boxer (f)	эркектер чолок дамбалы	erkekter tʃolok dambalı
calcinha (f)	аялдар трусиги	ajaldar trusigi
camiseta (f)	майка	majka
meias (f pl)	байпак	bajpak
camisola (f)	жатаарда кийүүчү көйнөк	dʒataarda kijyytʃy køjnøk
sutiã (m)	бюстгальтер	bustgalʲter
meias longas (f pl)	гольфы	golʲfı
meias-calças (f pl)	колготки	kolgotki
meias (~ de nylon)	байпак	bajpak
maiô (m)	купальник	kupalʲnik

33. Adereços de cabeça

chapéu (m), touca (f)	топу	topu
chapéu (m) de feltro	шляпа	ʃlʲapa
boné (m) de beisebol	бейсболка	bejsbolka
boina (~ italiana)	кепка	kepka
boina (ex. ~ basca)	берет	beret
capuz (m)	капюшон	kapuʃon
chapéu panamá (m)	панамка	panamka
touca (f)	токулган шапка	tokulgan ʃapka
lenço (m)	жоолук	dʒooluk
chapéu (m) feminino	шляпа	ʃlʲapa
capacete (m) de proteção	каска	kaska
bibico (m)	пилотка	pilotka
capacete (m)	шлем	ʃlem
chapéu-coco (m)	котелок	kotelok
cartola (f)	цилиндр	tsılindr

34. Calçado

calçado (m)	бут кийим	but kijim
botinas (f pl), sapatos (m pl)	ботинка	botinka
sapatos (de salto alto, etc.)	туфли	tufli
botas (f pl)	өтүк	øtyk
pantufas (f pl)	тапочка	tapotʃka
tênis (~ Nike, etc.)	кроссовка	krossovka
tênis (~ Converse)	кеды	kedı
sandálias (f pl)	сандалии	sandalii
sapateiro (m)	өтүкчү	øtyktʃy
salto (m)	така	taka

par (m)	түгөй	tygøj
cadarço (m)	боо	boo
amarrar os cadarços	боолоо	booloo
calçadeira (f)	кашык	kaʃık
graxa (f) para calçado	өтүк май	øtyk maj

35. Têxtil. Tecidos

algodão (m)	пахта	paχta
de algodão	пахтадан	paχtadan
linho (m)	зыгыр	zıgır
de linho	зыгырдан	zıgırdan

seda (f)	жибек	dʒibek
de seda	жибек	dʒibek
lã (f)	жүн	dʒyn
de lã	жүндөн	dʒyndøn

veludo (m)	баркыт	barkıt
camurça (f)	күдөрү	kydøry
veludo (m) cotelê	чий баркыт	tʃij barkıt

nylon (m)	нейлон	nejlon
de nylon	нейлон	nejlon
poliéster (m)	полиэстер	poliester
de poliéster	полиэстер	poliester

couro (m)	булгаары	bulgaarı
de couro	булгаары	bulgaarı
pele (f)	тери	teri
de pele	тери	teri

36. Acessórios pessoais

luva (f)	колкап	kolkap
mitenes (f pl)	мээлей	meelej
cachecol (m)	моюн орогуч	mojʉn orogutʃ

óculos (m pl)	көз айнек	køz ajnek
armação (f)	алкак	alkak
guarda-chuva (m)	чатырча	tʃatırtʃa
bengala (f)	аса таяк	asa tajak
escova (f) para o cabelo	тарак	tarak
leque (m)	желпингич	dʒelpingitʃ

gravata (f)	галстук	galstuk
gravata-borboleta (f)	галстук-бабочка	galstuk-babotʃka
suspensórios (m pl)	шым тарткыч	ʃım tartkıtʃ
lenço (m)	бетаарчы	betaartʃı

| pente (m) | тарак | tarak |
| fivela (f) para cabelo | чачсайгы | tʃatʃsajgı |

| grampo (m) | шпилька | ʃpilʲka |
| fivela (f) | таралга | taralga |

| cinto (m) | кайыш кур | kajɪʃ kur |
| alça (f) de ombro | илгич | ilgitʃ |

bolsa (f)	колбаштык	kolbaʃtık
bolsa (feminina)	кичине колбаштык	kitʃine kolbaʃtık
mochila (f)	жонбаштык	dʒonbaʃtık

37. Vestuário. Diversos

moda (f)	мода	moda
na moda (adj)	саркеч	sarketʃ
estilista (m)	модельер	modeljer

colarinho (m)	жака	dʒaka
bolso (m)	чөнтөк	tʃøntøk
de bolso	чөнтөк	tʃøntøk
manga (f)	жеҥ	dʒeŋ
ganchinho (m)	илгич	ilgitʃ
bragueta (f)	ширинка	ʃirinka

zíper (m)	молния	molnija
colchete (m)	топчулук	toptʃuluk
botão (m)	топчу	toptʃu
botoeira (casa de botão)	илмек	ilmek
soltar-se (vr)	үзүлүү	yzylyy

costurar (vi)	тигүү	tigyy
bordar (vt)	сайма саюу	sajma sajuu
bordado (m)	сайма	sajma
agulha (f)	ийне	ijne
fio, linha (f)	жип	dʒip
costura (f)	тигиш	tigiʃ

sujar-se (vr)	булгап алуу	bulgap aluu
mancha (f)	так	tak
amarrotar-se (vr)	бырышып калуу	bırıʃıp kaluu
rasgar (vt)	айрылуу	ajrıluu
traça (f)	күбө	kybø

38. Cuidados pessoais. Cosméticos

pasta (f) de dente	тиш пастасы	tiʃ pastası
escova (f) de dente	тиш щёткасы	tiʃ ʃtʃotkası
escovar os dentes	тиш жуу	tiʃ dʒuu

gilete (f)	устара	ustara
creme (m) de barbear	кырынуу үчүн көбүк	kırınuu ytʃyn købyk
barbear-se (vr)	кырынуу	kırınuu
sabonete (m)	самын	samın

xampu (m)	шампунь	ʃampunⁱ
tesoura (f)	кайчы	kajtʃı
lixa (f) de unhas	тырмак өгөө	tırmak øgøø
corta-unhas (m)	тырмак кычкачы	tırmak kıtʃkatʃı
pinça (f)	искек	iskek
cosméticos (m pl)	упа-эндик	upa-endik
máscara (f)	маска	maska
manicure (f)	маникюр	manikʉr
fazer as unhas	маникюр жасоо	manikdʒʉr dʒasoo
pedicure (f)	педикюр	pedikʉr
bolsa (f) de maquiagem	косметичка	kosmetitʃka
pó (de arroz)	упа	upa
pó (m) compacto	упа кутусу	upa kutusu
blush (m)	эндик	endik
perfume (m)	атыр	atır
água-de-colônia (f)	туалет атыр суусу	tualet atır suusu
loção (f)	лосьон	losⁱon
colônia (f)	одеколон	odekolon
sombra (f) de olhos	көз боёгу	køz bojogu
delineador (m)	көз карандашы	køz karandaʃı
máscara (f), rímel (m)	кирпик үчүн боек	kirpik ytʃyn boek
batom (m)	эрин помадасы	erin pomadası
esmalte (m)	тырмак үчүн лак	tırmak ytʃyn lak
laquê (m), spray fixador (m)	чач үчүн лак	tʃatʃ ytʃyn lak
desodorante (m)	дезодорант	dezodorant
creme (m)	крем	krem
creme (m) de rosto	бетмай	betmaj
creme (m) de mãos	кол үчүн май	kol ytʃyn maj
creme (m) antirrugas	бырыштарга каршы бет май	bırıʃtarga karʃı bet maj
creme (m) de dia	күндүзгү бет май	kyndyzgy bet maj
creme (m) de noite	түнкү бет май	tynky bet maj
de dia	күндүзгү	kyndyzgy
da noite	түнкү	tynky
absorvente (m) interno	тампон	tampon
papel (m) higiênico	даарат кагазы	daarat kagazı
secador (m) de cabelo	фен	fen

39. Joalheria

joias (f pl)	зер буюмдар	zer bujʉmdar
precioso (adj)	баалуу	baaluu
marca (f) de contraste	проба	proba
anel (m)	шакек	ʃakek
aliança (f)	нике шакеги	nike ʃakegi
pulseira (f)	билерик	bilerik

brincos (m pl)	сөйкө	søjkø
colar (m)	шуру	ʃuru
coroa (f)	таажы	taadʒɪ
colar (m) de contas	мончок	montʃok
diamante (m)	бриллиант	brilliant
esmeralda (f)	зымырыт	zɪmɪrɪt
rubi (m)	лаал	laal
safira (f)	сапфир	sapfir
pérola (f)	бермет	bermet
âmbar (m)	янтарь	jantarʲ

40. Relógios de pulso. Relógios

relógio (m) de pulso	кол саат	kol saat
mostrador (m)	циферблат	tsɪferblat
ponteiro (m)	жебе	dʒebe
bracelete (em aço)	браслет	braslet
bracelete (em couro)	кайыш кур	kajɪʃ kur
pilha (f)	батарейка	batarejka
acabar (vi)	зарядканын түгөнүүсү	zarʲadkanın tygønyysy
trocar a pilha	батарейка алмаштыруу	batarejka almaʃtıruu
estar adiantado	алдыга кетүү	aldıga ketyy
estar atrasado	калуу	kaluu
relógio (m) de parede	дубалга тагуучу саат	dubalga taguutʃu saat
ampulheta (f)	кум саат	kum saat
relógio (m) de sol	күн саат	kyn saat
despertador (m)	ойготкуч саат	ojgotkutʃ saat
relojoeiro (m)	саат устасы	saat ustası
reparar (vt)	оңдоо	oŋdoo

Alimentação. Nutrição

41. Comida

carne (f)	эт	et
galinha (f)	тоок	took
frango (m)	балапан	balapan
pato (m)	өрдөк	ørdøk
ganso (m)	каз	kaz
caça (f)	илбээсин	ilbeesin
peru (m)	күрп	kyrp
carne (f) de porco	чочко эти	ʧoʧko eti
carne (f) de vitela	торпок эти	torpok eti
carne (f) de carneiro	кой эти	koj eti
carne (f) de vaca	уй эти	uj eti
carne (f) de coelho	коен	koen
linguiça (f), salsichão (m)	колбаса	kolbasa
salsicha (f)	сосиска	sosiska
bacon (m)	бекон	bekon
presunto (m)	ветчина	vetʧina
pernil (m) de porco	сан эт	san et
patê (m)	паштет	paʃtet
fígado (m)	боор	boor
guisado (m)	фарш	farʃ
língua (f)	тил	til
ovo (m)	жумуртка	dʒumurtka
ovos (m pl)	жумурткалар	dʒumurtkalar
clara (f) de ovo	жумуртканын агы	dʒumurtkanın agı
gema (f) de ovo	жумуртканын сарысы	dʒumurtkanın sarısı
peixe (m)	балык	balık
mariscos (m pl)	деңиз азыктары	deŋiz azıktarı
crustáceos (m pl)	рак сыяктуулар	rak sıjaktuular
caviar (m)	урук	uruk
caranguejo (m)	краб	krab
camarão (m)	креветка	krevetka
ostra (f)	устрица	ustritsa
lagosta (f)	лангуст	langust
polvo (m)	сегиз бут	segiz but
lula (f)	кальмар	kalʲmar
esturjão (m)	осетрина	osetrina
salmão (m)	лосось	lososʲ
halibute (m)	палтус	paltus
bacalhau (m)	треска	treska

cavala, sarda (f)	скумбрия	skumbrija
atum (m)	тунец	tunets
enguia (f)	угорь	ugorʲ
truta (f)	форель	forelʲ
sardinha (f)	сардина	sardina
lúcio (m)	чортон	tʃorton
arenque (m)	сельдь	selʲdʲ
pão (m)	нан	nan
queijo (m)	сыр	sɪr
açúcar (m)	кум шекер	kum-ʃeker
sal (m)	туз	tuz
arroz (m)	күрүч	kyrytʃ
massas (f pl)	макарон	makaron
talharim, miojo (m)	кесме	kesme
manteiga (f)	ак май	ak maj
óleo (m) vegetal	өсүмдүк майы	øsymdyk majɪ
óleo (m) de girassol	күн карама майы	kyn karama majɪ
margarina (f)	маргарин	margarin
azeitonas (f pl)	зайтун	zajtun
azeite (m)	зайтун майы	zajtun majɪ
leite (m)	сүт	syt
leite (m) condensado	коютулган сүт	kojutulgan syt
iogurte (m)	йогурт	jogurt
creme (m) azedo	сметана	smetana
creme (m) de leite	каймак	kajmak
maionese (f)	майонез	majonez
creme (m)	крем	krem
grãos (m pl) de cereais	акшак	akʃak
farinha (f)	ун	un
enlatados (m pl)	консерва	konserva
flocos (m pl) de milho	жарылган жүгөрү	dʒarɪlgan dʒygøry
mel (m)	бал	bal
geleia (m)	джем, конфитюр	dʒem, konfitʉr
chiclete (m)	сагыз	sagɪz

42. Bebidas

água (f)	суу	suu
água (f) potável	ичүүчү суу	itʃyytʃy suu
água (f) mineral	минерал суусу	mineral suusu
sem gás (adj)	газсыз	gazsɪz
gaseificada (adj)	газдалган	gazdalgan
com gás	газы менен	gazɪ menen
gelo (m)	муз	muz

com gelo	музу менен	muzu menen
não alcoólico (adj)	алкоголсуз	alkogolsuz
refrigerante (m)	алкоголсуз ичимдик	alkogolsuz itʃimdik
refresco (m)	суусундук	suusunduk
limonada (f)	лимонад	limonad

bebidas (f pl) alcoólicas	спирт ичимдиктери	spirt itʃimdikteri
vinho (m)	шарап	ʃarap
vinho (m) branco	ак шарап	ak ʃarap
vinho (m) tinto	кызыл шарап	kızıl ʃarap

licor (m)	ликёр	likʲor
champanhe (m)	шампан	ʃampan
vermute (m)	вермут	vermut

uísque (m)	виски	viski
vodca (f)	арак	arak
gim (m)	джин	dʒin
conhaque (m)	коньяк	konjak
rum (m)	ром	rom

café (m)	кофе	kofe
café (m) preto	кара кофе	kara kofe
café (m) com leite	сүттөлгөн кофе	syttølgøn kofe
cappuccino (m)	капучино	kaputʃino
café (m) solúvel	эрүүчү кофе	eryytʃy kofe

leite (m)	сүт	syt
coquetel (m)	коктейль	koktejlʲ
batida (f), milkshake (m)	сүт коктейли	syt koktejli

suco (m)	шире	ʃire
suco (m) de tomate	томат widреси	tomat ʃiresi
suco (m) de laranja	апельсин widреси	apelʲsin ʃiresi
suco (m) fresco	түз сыгылып алынган шире	tyz sıgılıp alıngan ʃire

cerveja (f)	сыра	sıra
cerveja (f) clara	ачык сыра	atʃık sıra
cerveja (f) preta	коңур сыра	koŋur sıra

chá (m)	чай	tʃaj
chá (m) preto	кара чай	kara tʃaj
chá (m) verde	жашыл чай	dʒaʃıl tʃaj

43. Vegetais

| vegetais (m pl) | жашылча | dʒaʃıltʃa |
| verdura (f) | көк чөп | køk tʃøp |

tomate (m)	помидор	pomidor
pepino (m)	бадыраң	badıraŋ
cenoura (f)	сабиз	sabiz
batata (f)	картошка	kartoʃka

cebola (f)	пияз	pijaz
alho (m)	сарымсак	sarımsak
couve (f)	капуста	kapusta
couve-flor (f)	гүлдүү капуста	gyldyy kapusta
couve-de-bruxelas (f)	брюссель капустасы	brusselʲ kapustası
brócolis (m pl)	брокколи капустасы	brokkoli kapustası
beterraba (f)	кызылча	kızıltʃa
berinjela (f)	баклажан	bakladʒan
abobrinha (f)	кабачок	kabatʃok
abóbora (f)	ашкабак	aʃkabak
nabo (m)	шалгам	ʃalgam
salsa (f)	петрушка	petruʃka
endro, aneto (m)	укроп	ukrop
alface (f)	салат	salat
aipo (m)	сельдерей	selʲderej
aspargo (m)	спаржа	spardʒa
espinafre (m)	шпинат	ʃpinat
ervilha (f)	нокот	nokot
feijão (~ soja, etc.)	буурчак	buurtʃak
milho (m)	жүгөрү	dʒygøry
feijão (m) roxo	төө буурчак	tøø buurtʃak
pimentão (m)	таттуу перец	tattuu perets
rabanete (m)	шалгам	ʃalgam
alcachofra (f)	артишок	artiʃok

44. Frutos. Nozes

fruta (f)	мөмө	mømø
maçã (f)	алма	alma
pera (f)	алмурут	almurut
limão (m)	лимон	limon
laranja (f)	апельсин	apelʲsin
morango (m)	кулпунай	kulpunaj
tangerina (f)	мандарин	mandarin
ameixa (f)	кара өрүк	kara øryk
pêssego (m)	шабдаалы	ʃabdaalı
damasco (m)	өрүк	øryk
framboesa (f)	дан куурай	dan kuuraj
abacaxi (m)	ананас	ananas
banana (f)	банан	banan
melancia (f)	арбуз	arbuz
uva (f)	жүзүм	dʒyzym
ginja (f)	алча	altʃa
cereja (f)	гилас	gilas
melão (m)	коон	koon
toranja (f)	грейпфрут	grejpfrut
abacate (m)	авокадо	avokado

mamão (m)	папайя	papaja
manga (f)	манго	mango
romã (f)	анар	anar

groselha (f) vermelha	кызыл карагат	kızıl karagat
groselha (f) negra	кара карагат	kara karagat
groselha (f) espinhosa	крыжовник	krıdʒovnik
mirtilo (m)	кара моюл	kara mojʉl
amora (f) silvestre	кара бүлдүркөн	kara byldyrkøn

passa (f)	мейиз	mejiz
figo (m)	анжир	andʒir
tâmara (f)	курма	kurma

amendoim (m)	арахис	araχis
amêndoa (f)	бадам	badam
noz (f)	жаңгак	dʒaŋgak
avelã (f)	токой жаңгагы	tokoj dʒaŋgagı
coco (m)	кокос жаңгагы	kokos dʒaŋgagı
pistaches (m pl)	мисте	miste

45. Pão. Bolaria

pastelaria (f)	кондитер азыктары	konditer azıktarı
pão (m)	нан	nan
biscoito (m), bolacha (f)	печенье	petʃenje

chocolate (m)	шоколад	ʃokolad
de chocolate	шоколаддан	ʃokoladdan
bala (f)	конфета	konfeta
doce (bolo pequeno)	пирожное	pirodʒnoe
bolo (m) de aniversário	торт	tort

torta (f)	пирог	pirog
recheio (m)	начинка	natʃinka

geleia (m)	кыям	kıjam
marmelada (f)	мармелад	marmelad
wafers (m pl)	вафли	vafli
sorvete (m)	бал муздак	bal muzdak
pudim (m)	пудинг	puding

46. Pratos cozinhados

prato (m)	тамак	tamak
cozinha (~ portuguesa)	даам	daam
receita (f)	тамак жасоо ыкмасы	tamak dʒasoo ıkması
porção (f)	порция	portsija

salada (f)	салат	salat
sopa (f)	сорпо	sorpo
caldo (m)	ынак сорпо	ınak sorpo

sanduíche (m)	бутерброд	buterbrod
ovos (m pl) fritos	куурулган жумуртка	kuurulgan dʒumurtka
hambúrguer (m)	гамбургер	gamburger
bife (m)	бифштекс	bifʃteks
acompanhamento (m)	гарнир	garnir
espaguete (m)	спагетти	spagetti
purê (m) de batata	эзилген картошка	ezilgen kartoʃka
pizza (f)	пицца	pitsa
mingau (m)	ботко	botko
omelete (f)	омлет	omlet
fervido (adj)	сууга бышырылган	suuga bıʃırılgan
defumado (adj)	ышталган	ıʃtalgan
frito (adj)	куурулган	kuurulgan
seco (adj)	кургатылган	kurgatılgan
congelado (adj)	тоңдурулган	toŋdurulgan
em conserva (adj)	маринаддагы	marinaddagı
doce (adj)	таттуу	tattuu
salgado (adj)	туздуу	tuzduu
frio (adj)	муздак	muzdak
quente (adj)	ысык	ısık
amargo (adj)	ачуу	atʃuu
gostoso (adj)	даамдуу	daamduu
cozinhar em água fervente	кайнатуу	kajnatuu
preparar (vt)	тамак бышыруу	tamak bıʃiruu
fritar (vt)	кууруу	kuuruu
aquecer (vt)	жылытуу	dʒılıtuu
salgar (vt)	туздоо	tuzdoo
apimentar (vt)	калемпир кошуу	kalempir koʃuu
ralar (vt)	сүргүлөө	syrgyløø
casca (f)	сырты	sırtı
descascar (vt)	тазалоо	tazaloo

47. Especiarias

sal (m)	туз	tuz
salgado (adj)	туздуу	tuzduu
salgar (vt)	туздоо	tuzdoo
pimenta-do-reino (f)	кара мурч	kara murtʃ
pimenta (f) vermelha	кызыл калемпир	kızıl kalempir
mostarda (f)	горчица	gortʃitsa
raiz-forte (f)	хрен	χren
condimento (m)	татымал	tatımal
especiaria (f)	татымал	tatımal
molho (~ inglês)	соус	sous
vinagre (m)	уксус	uksus
anis estrelado (m)	анис	anis

manjericão (m)	райхон	rajχon
cravo (m)	гвоздика	gvozdika
gengibre (m)	имбирь	imbirʲ
coentro (m)	кориандр	koriandr
canela (f)	корица	koritsa

gergelim (m)	кунжут	kundʒut
folha (f) de louro	лавр жалбырагы	lavr dʒalbıragı
páprica (f)	паприка	paprika
cominho (m)	зира	zira
açafrão (m)	заапаран	zaaparan

48. Refeições

comida (f)	тамак	tamak
comer (vt)	тамактануу	tamaktanuu

café (m) da manhã	таңкы тамак	taŋkı tamak
tomar café da manhã	эртең менен тамактануу	erteŋ menen tamaktanuu
almoço (m)	түшкү тамак	tyʃky tamak
almoçar (vi)	түштөнүү	tyʃtønyy
jantar (m)	кечки тамак	ketʃki tamak
jantar (vi)	кечки тамакты ичүү	ketʃki tamaktı itʃyy

apetite (m)	табит	tabit
Bom apetite!	Тамагыңыз таттуу болсун!	tamagıŋız tattuu bolsun!

abrir (~ uma lata, etc.)	ачуу	atʃuu
derramar (~ líquido)	төгүп алуу	tøgyp aluu
derramar-se (vr)	төгүлүү	tøgylyy
ferver (vi)	кайноо	kajnoo
ferver (vt)	кайнатуу	kajnatuu
fervido (adj)	кайнатылган	kajnatılgan
esfriar (vt)	суутуу	suutuu
esfriar-se (vr)	сууп туруу	suup turuu

sabor, gosto (m)	даам	daam
fim (m) de boca	даамдануу	daamdanuu

emagrecer (vi)	арыктоо	arıktoo
dieta (f)	мүнөз тамак	mynøz tamak
vitamina (f)	витамин	vitamin
caloria (f)	калория	kalorija
vegetariano (m)	эттен чанган	etten tʃangan
vegetariano (adj)	этсиз даярдалган	etsiz dajardalgan

gorduras (f pl)	майлар	majlar
proteínas (f pl)	белоктор	beloktor
carboidratos (m pl)	көмүрсуулар	kømyrsuular

fatia (~ de limão, etc.)	кесим	kesim
pedaço (~ de bolo)	бөлүк	bølyk
migalha (f), farelo (m)	күкүм	kykym

49. Por a mesa

colher (f)	кашык	kaʃık
faca (f)	бычак	bıtʃak
garfo (m)	вилка	vilka

xícara (f)	чөйчөк	tʃøjtʃøk
prato (m)	табак	tabak
pires (m)	табак	tabak
guardanapo (m)	майлык	majlık
palito (m)	тиш чукугуч	tiʃ tʃukugutʃ

50. Restaurante

restaurante (m)	ресторан	restoran
cafeteria (f)	кофекана	kofekana
bar (m), cervejaria (f)	бар	bar
salão (m) de chá	чай салону	tʃaj salonu

garçom (m)	официант	ofitsiant
garçonete (f)	официант кыз	ofitsiant kız
barman (m)	бармен	barmen

cardápio (m)	меню	menʉ
lista (f) de vinhos	шарап картасы	ʃarap kartası
reservar uma mesa	столду камдык буйрутмалоо	stoldu kamdık bujrutmaloo

prato (m)	тамак	tamak
pedir (vt)	буйрутма кылуу	bujrutma kıluu
fazer o pedido	буйрутма берүү	bujrutma beryy

aperitivo (m)	аперитив	aperitiv
entrada (f)	ысылык	ısılık
sobremesa (f)	десерт	desert

conta (f)	эсеп	esep
pagar a conta	эсеп төлөө	esep tøløø
dar o troco	майда акчаны кайтаруу	majda aktʃanı kajtaruu
gorjeta (f)	чайпул	tʃajpul

Família, parentes e amigos

51. Informação pessoal. Formulários

nome (m)	аты	atı
sobrenome (m)	фамилиясы	familijası
data (f) de nascimento	төрөлгөн күнү	tørølgøn kyny
local (m) de nascimento	туулган жери	tuulgan dʒeri
nacionalidade (f)	улуту	ulutu
lugar (m) de residência	жашаган жери	dʒaʃagan dʒeri
país (m)	өлкө	ølkø
profissão (f)	кесиби	kesibi
sexo (m)	жынысы	dʒınısı
estatura (f)	бою	bojʉ
peso (m)	салмак	salmak

52. Membros da família. Parentes

mãe (f)	эне	ene
pai (m)	ата	ata
filho (m)	уул	uul
filha (f)	кыз	kız
caçula (f)	кичүү кыз	kitʃyy kız
caçula (m)	кичүү уул	kitʃyy uul
filha (f) mais velha	улуу кыз	uluu kız
filho (m) mais velho	улуу уул	uluu uul
irmão (m)	бир тууган	bir tuugan
irmão (m) mais velho	байке	bajke
irmão (m) mais novo	ини	ini
irmã (f)	бир тууган	bir tuugan
irmã (f) mais velha	эже	edʒe
irmã (f) mais nova	синди	siŋdi
primo (m)	атасы же энеси бир тууган	atası dʒe enesi bir tuugan
prima (f)	атасы же энеси бир тууган	atası dʒe enesi bir tuugan
mamãe (f)	апа	apa
papai (m)	ата	ata
pais (pl)	ата-эне	ata-ene
criança (f)	бала	bala
crianças (f pl)	балдар	baldar
avó (f)	чоң апа	tʃoŋ apa

avô (m)	чоң ата	tʃoŋ ata
neto (m)	небере бала	nebere bala
neta (f)	небере кыз	nebere kız
netos (pl)	неберелер	nebereler
tio (m)	таяке	tajake
tia (f)	таяже	tajadʒe
sobrinho (m)	ини	ini
sobrinha (f)	жээн	dʒeen
sogra (f)	кайын эне	kajın ene
sogro (m)	кайын ата	kajın ata
genro (m)	күйөө бала	kyjøø bala
madrasta (f)	өгөй эне	øgøj ene
padrasto (m)	өгөй ата	øgøj ata
criança (f) de colo	эмчектеги бала	emtʃektegi bala
bebê (m)	ымыркай	ımırkaj
menino (m)	бөбөк	bøbøk
mulher (f)	аял	ajal
marido (m)	эр	er
esposo (m)	күйөө	kyjøø
esposa (f)	зайып	zajıp
casado (adj)	аялы бар	ajalı bar
casada (adj)	күйөөдө	kyjøødø
solteiro (adj)	бойдок	bojdok
solteirão (m)	бойдок	bojdok
divorciado (adj)	ажырашкан	adʒıraʃkan
viúva (f)	жесир	dʒesir
viúvo (m)	жесир	dʒesir
parente (m)	тууган	tuugan
parente (m) próximo	жакын тууган	dʒakın tuugan
parente (m) distante	алыс тууган	alıs tuugan
parentes (m pl)	бир тууган	bir tuugan
órfão (m), órfã (f)	жетим	dʒetim
tutor (m)	камкорчу	kamkortʃu
adotar (um filho)	уул кылып асырап алуу	uul kılıp asırap aluu
adotar (uma filha)	кыз кылып асырап алуу	kız kılıp asırap aluu

53. Amigos. Colegas de trabalho

amigo (m)	дос	dos
amiga (f)	курбу	kurbu
amizade (f)	достук	dostuk
ser amigos	достошуу	dostoʃuu
amigo (m)	шерик	ʃerik
amiga (f)	шерик кыз	ʃerik kız
parceiro (m)	өнөктөш	ønøktøʃ
chefe (m)	башчы	baʃtʃı

superior (m)	башчы	baʃtʃɪ
proprietário (m)	кожоюн	kodʒodʒʉn
subordinado (m)	кол астындагы	kol astɪndagɪ
colega (m, f)	кесиптеш	kesipteʃ

conhecido (m)	тааныш	taanɪʃ
companheiro (m) de viagem	жолдош	dʒoldoʃ
colega (m) de classe	класстеш	klasstaʃ

vizinho (m)	кошуна	koʃuna
vizinha (f)	кошуна	koʃuna
vizinhos (pl)	кошуналар	koʃunalar

54. Homem. Mulher

mulher (f)	аял	ajal
menina (f)	кыз	kɪz
noiva (f)	колукту	koluktu

bonita, bela (adj)	сулуу	suluu
alta (adj)	бою узун	bojʉ uzun
esbelta (adj)	сымбаттуу	sɪmbattuu
baixa (adj)	орто бойлуу	orto bojluu

| loira (f) | ак саргыл чачтуу | ak sargɪl tʃatʃtuu |
| morena (f) | кара чачтуу | kara tʃatʃtuu |

de senhora	аялдардын	ajaldardɪn
virgem (f)	эркек көрө элек кыз	erkek kørø elek kɪz
grávida (adj)	кош бойлуу	koʃ bojluu

homem (m)	эркек	erkek
loiro (m)	ак саргыл чачтуу	ak sargɪl tʃatʃtuu
moreno (m)	кара чачтуу	kara tʃatʃtuu
alto (adj)	бийик бойлуу	bijik bojluu
baixo (adj)	орто бойлуу	orto bojluu

rude (adj)	орой	oroj
atarracado (adj)	жапалдаш бой	dʒapaldaʃ boj
robusto (adj)	чымыр	tʃɪmɪr
forte (adj)	күчтүү	kytʃtyy
força (f)	күч	kytʃ

gordo (adj)	толук	toluk
moreno (adj)	кара тору	kara toru
esbelto (adj)	сымбаттуу	sɪmbattuu
elegante (adj)	жарашып кийинген	dʒaraʃɪp kijingen

55. Idade

| idade (f) | жаш | dʒaʃ |
| juventude (f) | жаштык | dʒaʃtɪk |

jovem (adj)	жаш	dʒaʃ
mais novo (adj)	кичүү	kitʃyy
mais velho (adj)	улуу	uluu
jovem (m)	улан	ulan
adolescente (m)	өспүрүм	øspyrym
rapaz (m)	жигит	dʒigit
velho (m)	абышка	abıʃka
velha (f)	кемпир	kempir
adulto	чоң киши	tʃoŋ kiʃi
de meia-idade	орто жаш	orto dʒaʃ
idoso, de idade (adj)	жашап калган	dʒaʃap kalgan
velho (adj)	картаң	kartaŋ
aposentadoria (f)	бааракы	baarakı
aposentar-se (vr)	ардактуу эс алууга чыгуу	ardaktuu es aluuga tʃıguu
aposentado (m)	бааргер	baarger

56. Crianças

criança (f)	бала	bala
crianças (f pl)	балдар	baldar
gêmeos (m pl), gêmeas (f pl)	эгиздер	egizder
berço (m)	бешик	beʃik
chocalho (m)	шырылдак	ʃırıldak
fralda (f)	жалаяк	dʒalajak
chupeta (f), bico (m)	упчу	uptʃu
carrinho (m) de bebê	бешик араба	beʃik araba
jardim (m) de infância	бала бакча	bala baktʃa
babysitter, babá (f)	бала баккыч	bala bakkıtʃ
infância (f)	балалык	balalık
boneca (f)	куурчак	kuurtʃak
brinquedo (m)	оюнчук	ojuntʃuk
jogo (m) de montar	конструктор	konstruktor
bem-educado (adj)	тарбия көргөн	tarbija kørgøn
malcriado (adj)	жетесиз	dʒetesiz
mimado (adj)	эрке	erke
ser travesso	тентектик кылуу	tentektik kıluu
travesso, traquinas (adj)	тентек	tentek
travessura (f)	шоктук, тентектик	ʃoktuk, tentektik
criança (f) travessa	тентек	tentek
obediente (adj)	элпек	elpek
desobediente (adj)	тил албас	til albas
dócil (adj)	зээндүү	zeendyy
inteligente (adj)	акылдуу	akılduu
prodígio (m)	вундеркинд	vunderkind

57. Casais. Vida de família

beijar (vt)	өбүү	øbyy
beijar-se (vr)	өбүшүү	øbyʃyy
família (f)	үй-бүлө	yj-bylø
familiar (vida ~)	үй-бүлөлүү	yj-bylølyy
casal (m)	эрди-катын	erdi-katın
matrimônio (m)	нике	nike
lar (m)	үй очогу	yj otʃogu
dinastia (f)	династия	dinastija

encontro (m)	жолугушуу	dʒoluguʃuu
beijo (m)	өбүү	øbyy

amor (m)	сүйүү	syjyy
amar (pessoa)	сүйүү	syjyy
amado, querido (adj)	жакшы көргөн	dʒakʃı kørgøn

ternura (f)	назиктик	naziktik
afetuoso (adj)	назик	nazik
fidelidade (f)	берилгендик	berilgendik
fiel (adj)	ишенимдүү	iʃenimdyy
cuidado (m)	кам көрүү	kam køryy
carinhoso (adj)	камкор	kamkor

recém-casados (pl)	жаңы үйлөнүшкөндөр	dʒaŋı yjlønyʃkøndør
lua (f) de mel	таттуулашуу	tattuulaʃuu
casar-se (com um homem)	күйөөгө чыгуу	kyjøøgø tʃıguu
casar-se (com uma mulher)	аял алуу	ajal aluu

casamento (m)	үйлөнүү той	yjlønyy toy
bodas (f pl) de ouro	алтын үлпөт той	altın ylpøt toy
aniversário (m)	жылдык	dʒıldık

amante (m)	ойнош	ojnoʃ
amante (f)	ойнош	ojnoʃ

adultério (m), traição (f)	көзгө чөп салуу	køzgø tʃøp saluu
cometer adultério	көзгө чөп салуу	køzgø tʃøp saluu
ciumento (adj)	кызгануу	kızganuu
ser ciumento, -a	кызгануу	kızganuu
divórcio (m)	ажырашуу	adʒıraʃuu
divorciar-se (vr)	ажырашуу	adʒıraʃuu

brigar (discutir)	урушуу	uruʃuu
fazer as pazes	жарашуу	dʒaraʃuu
juntos (ir ~)	бирге	birge
sexo (m)	жыныстык катнаш	dʒınıstık katnaʃ

felicidade (f)	бакыт	bakıt
feliz (adj)	бактылуу	baktıluu
infelicidade (f)	кырсык	kırsık
infeliz (adj)	бактысыз	baktısız

Caráter. Sentimentos. Emoções

58. Sentimentos. Emoções

sentimento (m)	сезим	sezim
sentimentos (m pl)	сезим	sezim
sentir (vt)	сезүү	sezyy
fome (f)	ачка болуу	atʃka boluu
ter fome	ачка болуу	atʃka boluu
sede (f)	чаңкоо	tʃaŋkoo
ter sede	суусап калуу	suusap kaluu
sonolência (f)	уйкусу келүү	ujkusu kelyy
estar sonolento	уйкусу келүү	ujkusu kelyy
cansaço (m)	чарчоо	tʃartʃoo
cansado (adj)	чарчаңкы	tʃartʃaŋkı
ficar cansado	чарчоо	tʃartʃoo
humor (m)	көңүл	køŋyl
tédio (m)	зеригүү	zerigyy
entediar-se (vr)	зеригүү	zerigyy
reclusão (isolamento)	элден качуу	elden katʃuu
isolar-se (vr)	элден качуу	elden katʃuu
preocupar (vt)	көңүлүн бөлүү	køŋylyn bølyy
estar preocupado	сарсанаа болуу	sarsanaa boluu
preocupação (f)	кабатырлануу	kabatırlanuu
ansiedade (f)	чочулоо	tʃotʃuloo
preocupado (adj)	бушайман	buʃajman
estar nervoso	тынчы кетүү	tıntʃı ketyy
entrar em pânico	дүрбөлөңгө түшүү	dyrbøløŋgø tyʃyy
esperança (f)	үмүт	ymyt
esperar (vt)	үмүттөнүү	ymyttønyy
certeza (f)	ишенимдүүлүк	iʃenimdyylyk
certo, seguro de ...	ишеничтүү	iʃenitʃtyy
indecisão (f)	ишенбегендик	iʃenbegendik
indeciso (adj)	ишенбеген	iʃenbegen
bêbado (adj)	мас	mas
sóbrio (adj)	соо	soo
fraco (adj)	бошоң	boʃoŋ
feliz (adj)	бактылуу	baktıluu
assustar (vt)	жүрөгүн түшүрүү	dʒyrøgyn tyʃyryy
fúria (f)	жинденүү	dʒindenyy
ira, raiva (f)	жаалдануу	dʒaaldanuu
depressão (f)	көңүлү чөгүү	køŋyly tʃøgyy
desconforto (m)	ыңгайсыз	ıŋgajsız

conforto (m)	ыңгайлуу	ıŋgajluu
arrepender-se (vr)	өкүнүү	økynyy
arrependimento (m)	өкүнүп калуу	økynyp kaluu
azar (m), má sorte (f)	жолу болбоо	dʒolu bolboo
tristeza (f)	капалануу	kapalanuu

vergonha (f)	уят	ujat
alegria (f)	кубаныч	kubanıtʃ
entusiasmo (m)	ынта менен	ınta menen
entusiasta (m)	ынтызар	ıntızar
mostrar entusiasmo	ынтасын көрсөтүү	ıntasın kørsøtyy

59. Caráter. Personalidade

caráter (m)	мүнөз	mynøz
falha (f) de caráter	кемчилик	kemtʃilik
mente (f)	эс-акыл	es-akıl
razão (f)	акыл	akıl

consciência (f)	абийир	abijir
hábito, costume (m)	адат	adat
habilidade (f)	жөндөм	dʒøndøm
saber (~ nadar, etc.)	билүү	bilyy

paciente (adj)	көтөрүмдүү	køtørymdyy
impaciente (adj)	чыдамы жок	tʃıdamı dʒok
curioso (adj)	ынтызар	ıntızar
curiosidade (f)	кызыгуучулук	kızıguutʃuluk

modéstia (f)	жөнөкөйлүк	dʒønøkøjlyk
modesto (adj)	жөнөкөй	dʒønøkøj
imodesto (adj)	чекилик	tʃekilik

preguiça (f)	жалкоолук	dʒalkooluk
preguiçoso (adj)	жалкоо	dʒalkoo
preguiçoso (m)	эринчээк	erintʃeek

astúcia (f)	куулук	kuuluk
astuto (adj)	куу	kuu
desconfiança (f)	ишенбөөчүлүк	iʃenbøøtʃylyk
desconfiado (adj)	ишенбеген	iʃenbegen

generosidade (f)	берешендик	bereʃendik
generoso (adj)	берешен	bereʃen
talentoso (adj)	зээндүү	zeendyy
talento (m)	талант	talant

corajoso (adj)	кайраттуу	kajrattuu
coragem (f)	кайрат	kajrat
honesto (adj)	чынчыл	tʃıntʃıl
honestidade (f)	чынчылдык	tʃıntʃıldık

| prudente, cuidadoso (adj) | сак | sak |
| valoroso (adj) | тайманбас | tajmanbas |

sério (adj)	оор басырыктуу	oor basırıktuu
severo (adj)	сүрдүү	syrdyy
decidido (adj)	чечкиндүү	tʃetʃkindyy
indeciso (adj)	чечкинсиз	tʃetʃkinsiz
tímido (adj)	тартынчаак	tartıntʃaak
timidez (f)	жүрөкзаада	dʒyrøkzaada
confiança (f)	ишеним артуу	iʃenim artuu
confiar (vt)	ишенүү	iʃenyy
crédulo (adj)	ишенчээк	iʃentʃeek
sinceramente	чын жүрөктөн	tʃın dʒyrøktøn
sincero (adj)	ак ниеттен	ak nietten
sinceridade (f)	ак ниеттүүлүк	ak niettyylyk
aberto (adj)	ачык	atʃık
calmo (adj)	жоош	dʒooʃ
franco (adj)	ачык	atʃık
ingênuo (adj)	ишенчээк	iʃentʃeek
distraído (adj)	унутчаак	unuttʃaak
engraçado (adj)	кызык	kızık
ganância (f)	ач көздүк	atʃ køzdyk
ganancioso (adj)	сараң	saraŋ
avarento, sovina (adj)	сараң	saraŋ
mal (adj)	каардуу	kaarduu
teimoso (adj)	көк	køk
desagradável (adj)	жагымсыз	dʒagımsız
egoísta (m)	өзүмчүл	øzymtʃyl
egoísta (adj)	өзүмчүл	øzymtʃyl
covarde (m)	суу жүрөк	suu dʒyrøk
covarde (adj)	суу жүрөк	suu dʒyrøk

60. O sono. Sonhos

dormir (vi)	уктоо	uktoo
sono (m)	уйку	ujku
sonho (m)	түш	tyʃ
sonhar (ver sonhos)	түш көрүү	tyʃ køryy
sonolento (adj)	уйкусураган	ujkusuragan
cama (f)	керебет	kerebet
colchão (m)	матрас	matras
cobertor (m)	жууркан	dʒuurkan
travesseiro (m)	жаздык	dʒazdık
lençol (m)	шейшеп	ʃejʃep
insônia (f)	уйкусуздук	ujkusuzduk
sem sono (adj)	уйкусуз	ujkusuz
sonífero (m)	уйку дарысы	ujku darısı
tomar um sonífero	уйку дарысын ичүү	ujku darısın itʃyy
estar sonolento	уйкусу келүү	ujkusu kelyy

bocejar (vi)	эстөө	estøø
ir para a cama	уктоого кетүү	uktoogo ketyy
fazer a cama	төшөк салуу	tøʃøk saluu
adormecer (vi)	уктап калуу	uktap kaluu

pesadelo (m)	коркунучтуу түш	korkunuʧtuu tyʃ
ronco (m)	коңурук	koŋuruk
roncar (vi)	коңурук тартуу	koŋuruk tartuu

despertador (m)	ойготкуч саат	ojgotkuʧ saat
acordar, despertar (vt)	ойготуу	ojgotuu
acordar (vi)	ойгонуу	ojgonuu
levantar-se (vr)	төшөктөн туруу	tøʃøktøn turuu
lavar-se (vr)	бети-колду жуу	beti-koldu dʒuu

61. Humor. Riso. Alegria

humor (m)	күлкү салуу	kylky saluu
senso (m) de humor	тамашага чалуу	tamaʃaga ʧaluu
divertir-se (vr)	көңүл ачуу	køŋyl aʧuu
alegre (adj)	көңүлдүү	køŋyldyy
diversão (f)	көңүлдүүлүк	køŋyldyylyk

sorriso (m)	жылмайыш	dʒılmajıʃ
sorrir (vi)	жылмаюу	dʒılmadʒuu
começar a rir	күлүп жиберүү	kylyp dʒiberyy
rir (vi)	күлүү	kylyy
riso (m)	күлкү	kylky

anedota (f)	күлкүлүү окуя	kylkylyy okuja
engraçado (adj)	күлкүлүү	kylkylyy
ridículo, cômico (adj)	кызык	kızık

brincar (vi)	тамашалоо	tamaʃaloo
piada (f)	тамаша	tamaʃa
alegria (f)	кубаныч	kubanıʧ
regozijar-se (vr)	кубануу	kubanuu
alegre (adj)	кубанычтуу	kubanıʧtuu

62. Discussão, conversação. Parte 1

| comunicação (f) | баарлашуу | baarlaʃuu |
| comunicar-se (vr) | баарлашуу | baarlaʃuu |

conversa (f)	сүйлөшүү	syjløʃyy
diálogo (m)	маек	maek
discussão (f)	талкуу	talkuu
debate (m)	талаш	talaʃ
debater (vt)	талашуу	talaʃuu

| interlocutor (m) | аңгемелешкен | aŋgemeleʃken |
| tema (m) | тема | tema |

ponto (m) de vista	көз караш	køz karaʃ
opinião (f)	ой-пикир	oj-pikir
discurso (m)	сөз	søz
discussão (f)	талкуу	talkuu
discutir (vt)	талкуулоо	talkuuloo
conversa (f)	маек	maek
conversar (vi)	маектешүү	maekteʃyy
reunião (f)	жолугушуу	dʒoluguʃuu
encontrar-se (vr)	жолугушуу	dʒoluguʃuu
provérbio (m)	макал-лакап	makal-lakap
ditado, provérbio (m)	лакап	lakap
adivinha (f)	табышмак	tabıʃmak
dizer uma adivinha	табышмак айтуу	tabıʃmak ajtuu
senha (f)	сырсөз	sırsøz
segredo (m)	сыр	sır
juramento (m)	ант	ant
jurar (vi)	ант берүү	ant beryy
promessa (f)	убада	ubada
prometer (vt)	убада берүү	ubada beryy
conselho (m)	кеңеш	keŋeʃ
aconselhar (vt)	кеңеш берүү	keŋeʃ beryy
seguir o conselho	кеңешин жолдоо	keŋeʃin dʒoldoo
escutar (~ os conselhos)	угуу	uguu
novidade, notícia (f)	жаңылык	dʒaŋılık
sensação (f)	дүң салуу	dyŋ saluu
informação (f)	маалымат	maalımat
conclusão (f)	корутунду	korutundu
voz (f)	үн	yn
elogio (m)	мактоо	maktoo
amável, querido (adj)	сылык	sılık
palavra (f)	сөз	søz
frase (f)	сүйлөм	syjløm
resposta (f)	жооп	dʒoop
verdade (f)	чындык	tʃındık
mentira (f)	жалган	dʒalgan
pensamento (m)	ой	oj
ideia (f)	ой	oj
fantasia (f)	ойдон чыгаруу	ojdon tʃıgaruu

63. Discussão, conversação. Parte 2

estimado, respeitado (adj)	урматтуу	urmattuu
respeitar (vt)	сыйлоо	sıjloo
respeito (m)	урмат	urmat
Estimado ..., Caro ...	Урматтуу ...	urmattuu ...
apresentar (alguém a alguém)	тааныштыруу	taanıʃtıruu

conhecer (vt)	таанышуу	taanıʃuu
intenção (f)	ниет	niet
tencionar (~ fazer algo)	ниеттенүү	niettenyy
desejo (de boa sorte)	каалоо	kaaloo
desejar (ex. ~ boa sorte)	каалоо айтуу	kaaloo ajtuu
surpresa (f)	таңгалыч	taŋgalıtʃ
surpreender (vt)	таң калтыруу	taŋ kaltıruu
surpreender-se (vr)	таң калуу	taŋ kaluu
dar (vt)	берүү	beryy
pegar (tomar)	алуу	aluu
devolver (vt)	кайтарып берүү	kajtarıp beryy
retornar (vt)	кайра берүү	kajra beryy
desculpar-se (vr)	кечирим суроо	ketʃirim suroo
desculpa (f)	кечирим	ketʃirim
perdoar (vt)	кечирүү	ketʃiryy
falar (vi)	сүйлөшүү	syjløʃyy
escutar (vt)	угуу	uguu
ouvir até o fim	кулак салуу	kulak saluu
entender (compreender)	түшүнүү	tyʃynyy
mostrar (vt)	көрсөтүү	kørsøtyy
olhar para ...	... кароо	... karoo
chamar (alguém para ...)	чакыруу	tʃakıruu
perturbar, distrair (vt)	тынчын алуу	tıntʃın aluu
perturbar (vt)	тынчын алуу	tıntʃın aluu
entregar (~ em mãos)	узатып коюу	uzatıp kojʉu
pedido (m)	сураныч	suranıtʃ
pedir (ex. ~ ajuda)	суроо	suroo
exigência (f)	талап	talap
exigir (vt)	талап кылуу	talap kıluu
insultar (chamar nomes)	кыжырына тийүү	kıdʒırına tijyy
zombar (vt)	шылдыңдоо	ʃıldıŋdoo
zombaria (f)	шылдың	ʃıldıŋ
alcunha (f), apelido (m)	лакап ат	lakap at
insinuação (f)	кыйытма	kıjıtma
insinuar (vt)	кыйытып айтуу	kıjıtıp aytuu
querer dizer	билдирүү	bildiryy
descrição (f)	сүрөттөө	syrøttøø
descrever (vt)	сүрөттөп берүү	syrøttøp beryy
elogio (m)	алкыш	alkıʃ
elogiar (vt)	мактоо	maktoo
desapontamento (m)	көңүлү калуу	køŋyly kaluu
desapontar (vt)	көңүлүн калтыруу	køŋylyn kaltıruu
desapontar-se (vr)	көңүл калуу	køŋyl kaluu
suposição (f)	божомол	bodʒomol
supor (vt)	божомолдоо	bodʒomoldoo

| advertência (f) | эскертүү | eskertyy |
| advertir (vt) | эскертүү | eskertyy |

64. Discussão, conversação. Parte 3

| convencer (vt) | көндүрүү | køndyryy |
| acalmar (vt) | тынчтандыруу | tıntʃtandıruu |

silêncio (o ~ é de ouro)	жымжырт	dʒımdʒırt
ficar em silêncio	унчукпоо	untʃukpoo
sussurrar (vt)	шыбыроо	ʃibıroo
sussurro (m)	шыбыр	ʃibır

| francamente | ачык айтканда | atʃık ajtkanda |
| na minha opinião ... | менин оюмча ... | menin ojᵾmtʃa ... |

detalhe (~ da história)	ийне-жиби	ijne-dʒibi
detalhado (adj)	тетиктелген	tetiktelgen
detalhadamente	тетикке чейин	tetikke tʃejin

| dica (f) | четин чыгаруу | tʃetin tʃıgaruu |
| dar uma dica | четин чыгаруу | tʃetin tʃıgaruu |

olhar (m)	көз	køz
dar uma olhada	карап коюу	karap kojᵾu
fixo (olhada ~a)	тиктеген	tiktegen
piscar (vi)	көз ирмөө	køz irmøø
piscar (vt)	көз кысуу	køz kısuu
acenar com a cabeça	баш ийкөө	baʃ ijkøø

suspiro (m)	дем чыгаруу	dem tʃıgaruu
suspirar (vi)	дем алуу	dem aluu
estremecer (vi)	селт этүү	selt etyy
gesto (m)	жаңсоо	dʒaŋsoo
tocar (com as mãos)	тийип кетүү	tijip ketyy
agarrar (~ pelo braço)	кармоо	karmoo
bater de leve	таптоо	taptoo

Cuidado!	Абайлагыла!	abajlagıla!
Sério?	Чын элеби?!	tʃın elebi?!
Tem certeza?	Жаңылган жоксуңбу?	dʒaŋılgan dʒoksuŋbu?
Boa sorte!	Ийгилик!	ijgilik!
Entendi!	Түшүнүктүү!	tyʃynyktyy!
Que pena!	Кап!	kap!

65. Acordo. Recusa

consentimento (~ mútuo)	макулдук	makulduk
consentir (vi)	макул болуу	makul boluu
aprovação (f)	колдоо	koldoo
aprovar (vt)	колдоо	koldoo
recusa (f)	баш тартуу	baʃ tartuu

negar-se a ...	баш тартуу	baʃ tartuu
Ótimo!	Эң жакшы!	eŋ dʒakʃı!
Tudo bem!	Жакшы!	dʒakʃı!
Está bem! De acordo!	Макул!	makul!

proibido (adj)	тыюу салынган	tıjuu salıngan
é proibido	болбойт	bolbojt
é impossível	мүмкүн эмес	mymkyn emes
incorreto (adj)	туура эмес	tuura emes

rejeitar (~ um pedido)	четке кагуу	tʃetke kaguu
apoiar (vt)	колдоо	koldoo
aceitar (desculpas, etc.)	кабыл алуу	kabıl aluu

confirmar (vt)	ырастоо	ırastoo
confirmação (f)	ырастоо	ırastoo
permissão (f)	уруксат	uruksat
permitir (vt)	уруксат берүү	uruksat beryy
decisão (f)	чечим	tʃetʃim
não dizer nada	унчукпоо	untʃukpoo

condição (com uma ~)	шарт	ʃart
pretexto (m)	шылтоо	ʃıltoo
elogio (m)	алкыш	alkıʃ
elogiar (vt)	мактоо	maktoo

66. Sucesso. Boa sorte. Insucesso

êxito, sucesso (m)	ийгилик	ijgilik
com êxito	ийгиликтүү	ijgiliktyy
bem sucedido (adj)	ийгиликтүү	ijgiliktyy

sorte (fortuna)	жол болуу	dʒol boluu
Boa sorte!	Ийгилик!	ijgilik!
de sorte	ийгиликтүү	ijgiliktyy
sortudo, felizardo (adj)	жолу бар	dʒolu bar

fracasso (m)	жолу болбостук	dʒolu bolbostuk
pouca sorte (f)	жолу болбостук	dʒolu bolbostuk
azar (m), má sorte (f)	жолу болбоо	dʒolu bolboo

| mal sucedido (adj) | жолу болбогон | dʒolu bolbogon |
| catástrofe (f) | киши көрбөсүн | kiʃi kørbøsyn |

orgulho (m)	сыймык	sıjmık
orgulhoso (adj)	көтөрүнгөн	køtøryngøn
estar orgulhoso, -a	сыймыктануу	sıjmıktanuu

vencedor (m)	жеңүүчү	dʒeŋyytʃy
vencer (vi, vt)	жеңүү	dʒeŋyy
perder (vt)	жеңилүү	dʒeŋilyy
tentativa (f)	аракет	araket
tentar (vt)	аракет кылуу	araket kıluu
chance (m)	мүмкүнчүлүк	mymkyntʃylyk

67. Conflitos. Emoções negativas

grito (m)	кыйкырык	kɪjkɪrɪk
gritar (vi)	кыйкыруу	kɪjkɪruu
começar a gritar	кыйкырып алуу	kɪjkɪrɪp aluu
discussão (f)	уруш	uruʃ
brigar (discutir)	урушуу	uruʃuu
escândalo (m)	чатак	tʃatak
criar escândalo	чаткташуу	tʃataktaʃuu
conflito (m)	чыр-чатак	tʃɪr-tʃatak
mal-entendido (m)	түшүнбөстүк	tyʃynbøstyk
insulto (m)	кордоо	kordoo
insultar (vt)	кемсинтүү	kemsintyy
insultado (adj)	катуу тийген	katuu tijgen
ofensa (f)	таарыныч	taarɪnɪtʃ
ofender (vt)	көңүлгө тийүү	køɲylgø tijyy
ofender-se (vr)	таарынып калуу	taarɪnɪp kaluu
indignação (f)	нааразылык	naarazɪlɪk
indignar-se (vr)	нааразы болуу	naarazɪ boluu
queixa (f)	арыз	arɪz
queixar-se (vr)	арыздануу	arɪzdanuu
desculpa (f)	кечирим	ketʃirim
desculpar-se (vr)	кечирим суроо	ketʃirim suroo
pedir perdão	кечирим суроо	ketʃirim suroo
crítica (f)	сын-пикир	sɪn-pikir
criticar (vt)	сындоо	sɪndoo
acusação (f)	айыптоо	ajɪptoo
acusar (vt)	айыптоо	ajɪptoo
vingança (f)	өч алуу	øtʃ aluu
vingar (vt)	өч алуу	øtʃ aluu
desprezo (m)	киши катары көрбөө	kiʃi katarɪ kørbøø
desprezar (vt)	киши катарына албоо	kiʃi katarɪna alboo
ódio (m)	жек көрүү	dʒek køryy
odiar (vt)	жек көрүү	dʒek køryy
nervoso (adj)	тынчы кеткен	tɪntʃɪ ketken
estar nervoso	тынчы кетүү	tɪntʃɪ ketyy
zangado (adj)	ачууланган	atʃuulangan
zangar (vt)	ачуусун келтирүү	atʃuusun keltiryy
humilhação (f)	кемсинтүү	kemsintyy
humilhar (vt)	кемсинтүү	kemsintyy
humilhar-se (vr)	байкуш болуу	bajkuʃ boluu
choque (m)	дендирөө	dendirøø
chocar (vt)	дендиретүү	dendiretyy
aborrecimento (m)	жагымсыз жагдай	dʒagɪmsɪz dʒagdaj
desagradável (adj)	жагымсыз	dʒagɪmsɪz

medo (m)	коркунуч	korkunuʧ
terrível (tempestade, etc.)	каардуу	kaarduu
assustador (ex. história ~a)	коркунучтуу	korkunuʧtuu
horror (m)	үрөй учуу	yrøj uʧuu
horrível (crime, etc.)	үрөй учуруу	yrøj uʧuruu

começar a tremer	калтырап баштоо	kaltırap baʃtoo
chorar (vi)	ыйлоо	ıjloo
começar a chorar	ыйлап жиберүү	ıjlap dʒiberyy
lágrima (f)	көз жаш	køz dʒaʃ

falta (f)	күнөө	kynøø
culpa (f)	күнөө сезими	kynøø sezimi
desonra (f)	уят	ujat
protesto (m)	нааразылык	naarazılık
estresse (m)	бушайман болуу	buʃajman boluu

perturbar (vt)	тынчын алуу	tınʧın aluu
zangar-se com ...	жини келүү	dʒini kelyy
zangado (irritado)	ачуулуу	aʧuuluu
terminar (vt)	токтотуу	toktotuu
praguejar	урушуу	uruʃuu

assustar-se	чоочуу	ʧooʧuu
golpear (vt)	уруу	uruu
brigar (na rua, etc.)	мушташуу	muʃtaʃuu

resolver (o conflito)	жөндөө	dʒøndøø
descontente (adj)	нааразы	naarazı
furioso (adj)	жаалданган	dʒaaldangan

Não está bem!	Бул жакшы эмес!	bul dʒakʃı emes!
É ruim!	Бул жаман!	bul dʒaman!

Medicina

68. Doenças

doença (f)	оору	ooru
estar doente	оoруу	ooruu
saúde (f)	ден-соолук	den-sooluk
nariz (m) escorrendo	мурдунан суу агуу	murdunan suu aguu
amigdalite (f)	ангина	angina
resfriado (m)	суук тийүү	suuk tijyy
ficar resfriado	суук тийгизип алуу	suuk tijgizip aluu
bronquite (f)	бронхит	bronxit
pneumonia (f)	кабыргадан сезгенүү	kabırgadan sezgenyy
gripe (f)	сасык тумоо	sasık tumoo
míope (adj)	алыстан көрө албоо	alıstan kørø alboo
presbita (adj)	жакындан көрө албоо	dʒakından kørø alboo
estrabismo (m)	кылый көздүүлүк	kılıj køzdyylyk
estrábico, vesgo (adj)	кылый көздүүлүк	kılıj køzdyylyk
catarata (f)	челкөз	tʃelkøz
glaucoma (m)	глаукома	glaukoma
AVC (m), apoplexia (f)	мээге кан куюлуу	meege kan kujuluu
ataque (m) cardíaco	инфаркт	infarkt
enfarte (m) do miocárdio	инфаркт миокарда	infarkt miokarda
paralisia (f)	шал	ʃal
paralisar (vt)	шал болуу	ʃal boluu
alergia (f)	аллергия	allergija
asma (f)	астма	astma
diabetes (f)	диабет	diabet
dor (f) de dente	тиш оорусу	tiʃ oorusu
cárie (f)	кариес	karies
diarreia (f)	ич өткү	itʃ øtky
prisão (f) de ventre	ич катуу	itʃ katuu
desarranjo (m) intestinal	ич бузулгандык	itʃ buzulgandık
intoxicação (f) alimentar	уулануу	uulanuu
intoxicar-se	уулануу	uulanuu
artrite (f)	артрит	artrit
raquitismo (m)	итий	itij
reumatismo (m)	кызыл жүгүрүк	kızıl dʒygyryk
arteriosclerose (f)	атеросклероз	ateroskleroz
gastrite (f)	карын сезгенүүсу	karın sezgenyysu
apendicite (f)	аппендицит	appenditsit

colecistite (f)	холецистит	χoletsistit
úlcera (f)	жара	dʒara
sarampo (m)	кызылча	kızıltʃa
rubéola (f)	кызамык	kızamık
icterícia (f)	сарык	sarık
hepatite (f)	гепатит	gepatit
esquizofrenia (f)	шизофрения	ʃizofrenija
raiva (f)	кутурма	kuturma
neurose (f)	невроз	nevroz
contusão (f) cerebral	мээнин чайкалышы	meenin tʃajkalıʃı
câncer (m)	рак	rak
esclerose (f)	склероз	skleroz
esclerose (f) múltipla	жайылган склероз	dʒajılgan skleroz
alcoolismo (m)	аракечтик	araketʃtik
alcoólico (m)	аракеч	araketʃ
sífilis (f)	котон жара	koton dʒara
AIDS (f)	СПИД	spid
tumor (m)	шишик	ʃiʃik
maligno (adj)	залалдуу	zalalduu
benigno (adj)	залалсыз	zalalsız
febre (f)	безгек	bezgek
malária (f)	безгек	bezgek
gangrena (f)	кабыз	kabız
enjoo (m)	дениз оорусу	deŋiz oorusu
epilepsia (f)	талма	talma
epidemia (f)	эпидемия	epidemija
tifo (m)	келте	kelte
tuberculose (f)	кургак учук	kurgak utʃuk
cólera (f)	холера	χolera
peste (f) bubônica	кара тумоо	kara tumoo

69. Sintomas. Tratamentos. Parte 1

sintoma (m)	белги	belgi
temperatura (f)	дене табынын көтөрүлүшү	dene tabının køtørylyʃy
febre (f)	жогорку температура	dʒogorku temperatura
pulso (m)	тамыр кагышы	tamir kagıʃı
vertigem (f)	баш айлануу	baʃ ajlanuu
quente (testa, etc.)	ысык	ısık
calafrio (m)	чыйрыгуу	tʃıjrıguu
pálido (adj)	купкуу	kupkuu
tosse (f)	жөтөл	dʒøtøl
tossir (vi)	жөтөлүү	dʒøtølyy
espirrar (vi)	чүчкүрүү	tʃytʃkyryy

desmaio (m)	эси оо	esi oo
desmaiar (vi)	эси ооп жыгылуу	esi oop dʒıgıluu
mancha (f) preta	көк-ала	køk-ala
galo (m)	шишик	ʃiʃik
machucar-se (vr)	урунуп алуу	urunup aluu
contusão (f)	көгөртүп алуу	køgørtyp aluu
machucar-se (vr)	көгөртүп алуу	køgørtyp aluu
mancar (vi)	аксоо	aksoo
deslocamento (f)	муундун чыгып кетүүсү	muundun tʃıgıp ketyysy
deslocar (vt)	чыгарып алуу	tʃıgarıp aluu
fratura (f)	сынуу	sınuu
fraturar (vt)	сындырып алуу	sındırıp aluu
corte (m)	кесилген жер	kesilgen dʒer
cortar-se (vr)	кесип алуу	kesip aluu
hemorragia (f)	кан кетүү	kan ketyy
queimadura (f)	күйүк	kyjyk
queimar-se (vr)	күйгүзүп алуу	kyjgyzyp aluu
picar (vt)	саюу	sajɵu
picar-se (vr)	сайып алуу	sajıp aluu
lesionar (vt)	кокустатып алуу	kokustatıp aluu
lesão (m)	кокустатып алуу	kokustatıp aluu
ferida (f), ferimento (m)	жара	dʒara
trauma (m)	жаракат	dʒarakat
delirar (vi)	жөлүү	dʒølyy
gaguejar (vi)	кекечтенүү	keketʃtenyy
insolação (f)	күн өтүү	kyn øtyy

70. Sintomas. Tratamentos. Parte 2

dor (f)	оору	ooru
farpa (no dedo, etc.)	тикен	tiken
suor (m)	тер	ter
suar (vi)	тердөө	terdøø
vômito (m)	кусуу	kusuu
convulsões (f pl)	тарамыш карышуусу	taramıʃ karıʃuusu
grávida (adj)	кош бойлуу	koʃ bojluu
nascer (vi)	төрөлүү	tørølyy
parto (m)	төрөт	tørøt
dar à luz	төрөө	tørøø
aborto (m)	бойдон түшүрүү	bojdon tyʃyryy
respiração (f)	дем алуу	dem aluu
inspiração (f)	дем алуу	dem aluu
expiração (f)	дем чыгаруу	dem tʃıgaruu
expirar (vi)	дем чыгаруу	dem tʃıgaruu
inspirar (vi)	дем алуу	dem aluu

inválido (m)	майып	majıp
aleijado (m)	мунжу	mundʒu
drogado (m)	баңги	baŋgi
surdo (adj)	дүлөй	dyløj
mudo (adj)	дудук	duduk
surdo-mudo (adj)	дудук	duduk
louco, insano (adj)	жин тийген	dʒin tijgen
louco (m)	жинди чалыш	dʒindi tʃalıʃ
louca (f)	жинди чалыш	dʒindi tʃalıʃ
ficar louco	мээси айныган	meesi ajnıgan
gene (m)	ген	gen
imunidade (f)	иммунитет	immunitet
hereditário (adj)	тукум куучулук	tukum kuutʃuluk
congênito (adj)	тубаса	tubasa
vírus (m)	вирус	virus
micróbio (m)	микроб	mikrob
bactéria (f)	бактерия	bakterija
infecção (f)	жугуштуу илдет	dʒuguʃtuu ildet

71. Sintomas. Tratamentos. Parte 3

hospital (m)	оорукана	oorukana
paciente (m)	бейтап	bejtap
diagnóstico (m)	дарт аныктоо	dart anıktoo
cura (f)	дарылоо	darıloo
tratamento (m) médico	дарылоо	darıloo
curar-se (vr)	дарылануу	darılanuu
tratar (vt)	дарылоо	darıloo
cuidar (pessoa)	кароо	karoo
cuidado (m)	кароо	karoo
operação (f)	операция	operatsija
enfaixar (vt)	жараны таңуу	dʒaranı taŋuu
enfaixamento (m)	таңуу	taŋuu
vacinação (f)	эмдөө	emdøø
vacinar (vt)	эмдөө	emdøø
injeção (f)	ийне салуу	ijne saluu
dar uma injeção	ийне сайдыруу	ijne sajdıruu
ataque (~ de asma, etc.)	оору кармап калуу	ooru karmap kaluu
amputação (f)	кесүү	kesyy
amputar (vt)	кесип таштоо	kesip taʃtoo
coma (f)	кома	koma
estar em coma	комада болуу	komada boluu
reanimação (f)	реанимация	reanimatsija
recuperar-se (vr)	сакаюу	sakajʉu
estado (~ de saúde)	абал	abal

| consciência (perder a ~) | эсинде | esinde |
| memória (f) | эс тутум | es tutum |

tirar (vt)	тишти жулуу	tiʃti dʒuluu
obturação (f)	пломба	plomba
obturar (vt)	пломба салуу	plomba saluu

| hipnose (f) | гипноз | gipnoz |
| hipnotizar (vt) | гипноз кылуу | gipnoz kıluu |

72. Médicos

médico (m)	доктур	doktur
enfermeira (f)	медсестра	medsestra
médico (m) pessoal	жекелик доктур	dʒekelik doktur

dentista (m)	тиш доктур	tiʃ doktur
oculista (m)	көз доктур	køz doktur
terapeuta (m)	терапевт	terapevt
cirurgião (m)	хирург	χirurg

psiquiatra (m)	психиатр	psiχiatr
pediatra (m)	педиатр	pediatr
psicólogo (m)	психолог	psiχolog
ginecologista (m)	гинеколог	ginekolog
cardiologista (m)	кардиолог	kardiolog

73. Medicina. Drogas. Acessórios

medicamento (m)	дары-дармек	darı-darmek
remédio (m)	дары	darı
receitar (vt)	жазып берүү	dʒazıp beryy
receita (f)	рецепт	retsept

comprimido (m)	таблетка	tabletka
unguento (m)	май	maj
ampola (f)	ампула	ampula
solução, preparado (m)	аралашма	aralaʃma
xarope (m)	сироп	sirop
cápsula (f)	пилюля	piluɭa
pó (m)	күкүм	kykym

atadura (f)	бинт	bint
algodão (m)	пахта	paχta
iodo (m)	йод	jod

curativo (m) adesivo	лейкопластырь	lejkoplastırⁱ
conta-gotas (m)	дары тамызгыч	darı tamızgıtʃ
termômetro (m)	градусник	gradusnik
seringa (f)	шприц	ʃprits
cadeira (f) de rodas	майып арабасы	majıp arabası
muletas (f pl)	колтук таяк	koltuk tajak

analgésico (m)	оору сездирбөөчү дары	ooru sezdirbøøʧy darı
laxante (m)	ич алдыруучу дары	iʧ aldıruuʧu darı
álcool (m)	спирт	spirt
ervas (f pl) medicinais	дары чөптөр	darı ʧøptør
de ervas (chá ~)	чөп чайы	ʧøp ʧajı

74. Fumar. Produtos tabágicos

tabaco (m)	тамеки	tameki
cigarro (m)	чылым	ʧılım
charuto (m)	чылым	ʧılım
cachimbo (m)	трубка	trubka
maço (~ de cigarros)	пачке	paʧke

fósforos (m pl)	ширеңке	ʃireŋke
caixa (f) de fósforos	ширеңке кутусу	ʃireŋke kutusu
isqueiro (m)	зажигалка	zadʒigalka
cinzeiro (m)	күл салгыч	kyl salgıʧ
cigarreira (f)	портсигар	portsigar

| piteira (f) | мундштук | mundʃtuk |
| filtro (m) | фильтр | fil'tr |

fumar (vi, vt)	тамеки тартуу	tameki tartuu
acender um cigarro	күйгүзүп алуу	kyjgyzyp aluu
tabagismo (m)	чылым чегүү	ʧılım ʧegyy
fumante (m)	тамекичи	tamekiʧi

bituca (f)	чылым калдыгы	ʧılım kaldıgı
fumaça (f)	түтүн	tytyn
cinza (f)	күл	kyl

HABITAT HUMANO

Cidade

75. Cidade. Vida na cidade

cidade (f)	шаар	ʃaar
capital (f)	борбор	borbor
aldeia (f)	кыштак	kıʃtak
mapa (m) da cidade	шаардын планы	ʃaardın planı
centro (m) da cidade	шаардын борбору	ʃaardın borboru
subúrbio (m)	шаардын чет жакасы	ʃaardın tʃet dʒakası
suburbano (adj)	шаардын чет жакасындагы	ʃaardın tʃet dʒakasındagı
periferia (f)	чет-жака	tʃet-dʒaka
arredores (m pl)	чет-жака	tʃet-dʒaka
quarteirão (m)	квартал	kvartal
quarteirão (m) residencial	турак-жай кварталы	turak-dʒaj kvartalı
tráfego (m)	кече кыймылы	køtʃø kıjmılı
semáforo (m)	светофор	svetofor
transporte (m) público	шаар транспорту	ʃaar transportu
cruzamento (m)	кесилиш	kesiliʃ
faixa (f)	жөө жүрүүчүлөр жолу	dʒøø dʒyryytʃylør dʒolu
túnel (m) subterrâneo	жер астындагы жол	dʒer astındagı dʒol
cruzar, atravessar (vt)	жолду өтүү	dʒoldu øtyy
pedestre (m)	жөө жүрүүчү	dʒøø dʒyryytʃy
calçada (f)	жанжол	dʒandʒol
ponte (f)	көпүрө	køpyrø
margem (f) do rio	жээк жол	dʒeek dʒol
fonte (f)	фонтан	fontan
alameda (f)	аллея	alleja
parque (m)	сейил багы	sejil bagı
bulevar (m)	бульвар	bulʲvar
praça (f)	аянт	ajant
avenida (f)	проспект	prospekt
rua (f)	кече	køtʃø
travessa (f)	чолок кече	tʃolok køtʃø
beco (m) sem saída	туюк кече	tujʉk køtʃø
casa (f)	үй	yj
edifício, prédio (m)	имарат	imarat
arranha-céu (m)	көк тиреген көп кабаттуу үй	køk tiregen køp kabattuu yj

fachada (f)	үйдүн алды	yjdyn aldı
telhado (m)	чатыр	tʃatır
janela (f)	терезе	tereze
arco (m)	түркүк	tyrkyk
coluna (f)	мамы	mamı
esquina (f)	бурч	burtʃ

vitrine (f)	көрсөтмө айнек үкөк	kørsøtmø ajnek ykøk
letreiro (m)	көрнөк	kørnøk
cartaz (do filme, etc.)	афиша	afiʃa
cartaz (m) publicitário	көрнөк-жарнак	kørnøk-dʒarnak
painel (m) publicitário	жарнамалык такта	dʒarnamalık takta

lixo (m)	таштанды	taʃtandı
lata (f) de lixo	таштанды челек	taʃtandı tʃelek
jogar lixo na rua	таштоо	taʃtoo
aterro (m) sanitário	таштанды үйүлгөн жер	taʃtandı yjylgøn dʒer

orelhão (m)	телефон будкасы	telefon budkası
poste (m) de luz	чырак мамы	tʃırak mamı
banco (m)	отургуч	oturgutʃ

polícia (m)	полиция кызматкери	politsija kızmatkeri
polícia (instituição)	полиция	politsija
mendigo, pedinte (m)	кайырчы	kajırtʃı
desabrigado (m)	селсаяк	selsajak

76. Instituições urbanas

loja (f)	дүкөн	dykøn
drogaria (f)	дарыкана	darıkana
ótica (f)	оптика	optika
centro (m) comercial	соода борбору	sooda borboru
supermercado (m)	супермаркет	supermarket

padaria (f)	нан дүкөнү	nan dykøny
padeiro (m)	навайчы	navajtʃı
pastelaria (f)	кондитердик дүкөн	konditerdik dykøn
mercearia (f)	азык-түлүк	azık-tylyk
açougue (m)	эт дүкөнү	et dykøny

| fruteira (f) | жашылча дүкөнү | dʒaʃıltʃa dykøny |
| mercado (m) | базар | bazar |

cafeteria (f)	кофекана	kofekana
restaurante (m)	ресторан	restoran
bar (m)	сыракана	sırakana
pizzaria (f)	пиццерия	pitserija

salão (m) de cabeleireiro	чач тарач	tʃatʃ taratʃ
agência (f) dos correios	почта	potʃta
lavanderia (f)	химиялык тазалоо	χimijalık tazaloo
estúdio (m) fotográfico	фотоателье	fotoatelje
sapataria (f)	бут кийим дүкөнү	but kijim dykøny

livraria (f)	китеп дүкөнү	kitep dykøny
loja (f) de artigos esportivos	спорт буюмдар дүкөнү	sport bujumdar dykøny
costureira (m)	кийим ондоочу жай	kijim ondootʃu dʒaj
aluguel (m) de roupa	кийимди ижарага берүү	kijimdi idʒaraga beryy
videolocadora (f)	тасмаларды ижарага берүү	tasmalardı idʒaraga beryy
circo (m)	цирк	tsırk
jardim (m) zoológico	зоопарк	zoopark
cinema (m)	кинотеатр	kinoteatr
museu (m)	музей	muzej
biblioteca (f)	китепкана	kitepkana
teatro (m)	театр	teatr
ópera (f)	опера	opera
boate (casa noturna)	түнкү клуб	tynky klub
cassino (m)	казино	kazino
mesquita (f)	мечит	metʃit
sinagoga (f)	синагога	sinagoga
catedral (f)	чоң чиркөө	tʃoŋ tʃirkøø
templo (m)	ибадаткана	ibadatkana
igreja (f)	чиркөө	tʃirkøø
faculdade (f)	коллеж	kolledʒ
universidade (f)	университет	universitet
escola (f)	мектеп	mektep
prefeitura (f)	префектура	prefektura
câmara (f) municipal	мэрия	merija
hotel (m)	мейманкана	mejmankana
banco (m)	банк	bank
embaixada (f)	элчилик	eltʃilik
agência (f) de viagens	турагенттиги	turagenttigi
agência (f) de informações	маалымат бюросу	maalımat burosu
casa (f) de câmbio	алмаштыруу пункту	almaʃtıruu punktu
metrô (m)	метро	metro
hospital (m)	оорукана	oorukana
posto (m) de gasolina	май куюучу станция	maj kujuutʃu stantsija
parque (m) de estacionamento	унаа токтоочу жай	unaa toktootʃu dʒaj

77. Transportes urbanos

ônibus (m)	автобус	avtobus
bonde (m) elétrico	трамвай	tramvaj
trólebus (m)	троллейбус	trollejbus
rota (f), itinerário (m)	каттам	kattam
número (m)	номер	nomer
ir de ... (carro, etc.)	... жүрүү	... dʒyryy
entrar no ...	... отуруу	... oturuu

descer do ...	... түшүп калуу	... tyʃyp kaluu
parada (f)	аялдама	ajaldama
próxima parada (f)	кийинки аялдама	kijinki ajaldama
terminal (m)	акыркы аялдама	akırkı ajaldama
horário (m)	ырааттама	ıraattama
esperar (vt)	күтүү	kytyy
passagem (f)	билет	bilet
tarifa (f)	билеттин баасы	bilettin baası
bilheteiro (m)	кассир	kassir
controle (m) de passagens	текшерүү	tekʃeryy
revisor (m)	текшерүүчү	tekʃeryytʃy
atrasar-se (vr)	кечигүү	ketʃigyy
perder (o autocarro, etc.)	кечигип калуу	ketʃigip kaluu
estar com pressa	шашуу	ʃaʃuu
táxi (m)	такси	taksi
taxista (m)	такси айдоочу	taksi ajdootʃu
de táxi (ir ~)	таксиде	takside
ponto (m) de táxis	такси токтоочу жай	taksi toktootʃu dʒaj
chamar um táxi	такси чакыруу	taksi tʃakıruu
pegar um táxi	такси кармоо	taksi karmoo
tráfego (m)	кече кыймылы	køtʃø kıjmılı
engarrafamento (m)	тыгын	tıgın
horas (f pl) de pico	кызуу маал	kızuu maal
estacionar (vi)	токтотуу	toktotuu
estacionar (vt)	машинаны жайлаштыруу	maʃinanı dʒajlaʃtıruu
parque (m) de estacionamento	унаа токтоочу жай	unaa toktootʃu dʒaj
metrô (m)	метро	metro
estação (f)	бекет	beket
ir de metrô	метродо жүрүү	metrodo dʒyryy
trem (m)	поезд	poezd
estação (f) de trem	вокзал	vokzal

78. Turismo

monumento (m)	эстелик	estelik
fortaleza (f)	чеп	tʃep
palácio (m)	сарай	saraj
castelo (m)	сепил	sepil
torre (f)	мунара	munara
mausoléu (m)	күмбөз	kymbøz
arquitetura (f)	архитектура	arχitektura
medieval (adj)	орто кылымдык	orto kılımdık
antigo (adj)	байыркы	bajırkı
nacional (adj)	улуттук	uluttuk
famoso, conhecido (adj)	таанымал	taanımal
turista (m)	турист	turist
guia (pessoa)	гид	gid

excursão (f)	экскурсия	ekskursija
mostrar (vt)	көрсөтүү	kørsøtyy
contar (vt)	айтып берүү	ajtıp beryy

encontrar (vt)	табуу	tabuu
perder-se (vr)	адашып кетүү	adaʃıp ketyy
mapa (~ do metrô)	схема	sχema
mapa (~ da cidade)	план	plan

lembrança (f), presente (m)	асембелек	asembelek
loja (f) de presentes	асембелек дүкөнү	asembelek dykøny
tirar fotos, fotografar	сүрөткө тартуу	syrøtkø tartuu
fotografar-se (vr)	сүрөткө түшүү	syrøtkø tyʃyy

79. Compras

comprar (vt)	сатып алуу	satıp aluu
compra (f)	сатып алуу	satıp aluu
fazer compras	сатып алууга чыгуу	satıp aluuga ʧıguu
compras (f pl)	базарчылоо	bazarʧıloo

estar aberta (loja)	иштөө	iʃtøø
estar fechada	жабылуу	dʒabıluu

calçado (m)	бут кийим	but kijim
roupa (f)	кийим-кече	kijim-ketʃe
cosméticos (m pl)	упа-эндик	upa-endik
alimentos (m pl)	азык-түлүк	azık-tylyk
presente (m)	белек	belek

vendedor (m)	сатуучу	satuuʧu
vendedora (f)	сатуучу кыз	satuuʧu kız

caixa (f)	касса	kassa
espelho (m)	күзгү	kyzgy
balcão (m)	прилавок	prilavok
provador (m)	кийим ченөөчү бөлмө	kijim ʧenøøʧy bølmø

provar (vt)	кийим ченөө	kijim ʧenøø
servir (roupa, caber)	ылайык келүү	ılajık kelyy
gostar (apreciar)	жактыруу	dʒaktıruu

preço (m)	баа	baa
etiqueta (f) de preço	баа	baa
custar (vt)	туруу	turuu
Quanto?	Канча?	kanʧa?
desconto (m)	арзандатуу	arzandatuu

não caro (adj)	кымбат эмес	kımbat emes
barato (adj)	арзан	arzan
caro (adj)	кымбат	kımbat
É caro	Бул кымбат	bul kımbat
aluguel (m)	ижара	idʒara
alugar (roupas, etc.)	ижарага алуу	idʒaraga aluu

crédito (m)	насыя	nasija
a crédito	насыяга алуу	nasijaga aluu

80. Dinheiro

dinheiro (m)	акча	aktʃa
câmbio (m)	алмаштыруу	almaʃtıruu
taxa (f) de câmbio	курс	kurs
caixa (m) eletrônico	банкомат	bankomat
moeda (f)	тыйын	tıjın
dólar (m)	доллар	dollar
euro (m)	евро	evro
lira (f)	италиялык лира	italijalık lira
marco (m)	немис маркасы	nemis markası
franco (m)	франк	frank
libra (f) esterlina	фунт стерлинг	funt sterling
iene (m)	йена	jena
dívida (f)	карыз	karız
devedor (m)	карыздар	karızdar
emprestar (vt)	карызга берүү	karızga beryy
pedir emprestado	карызга алуу	karızga aluu
banco (m)	банк	bank
conta (f)	эсеп	esep
depositar (vt)	салуу	saluu
depositar na conta	эсепке акча салуу	esepke aktʃa saluu
sacar (vt)	эсептен акча чыгаруу	esepten aktʃa tʃıgaruu
cartão (m) de crédito	насыя картасы	nasija kartası
dinheiro (m) vivo	накталай акча	naktalaj aktʃa
cheque (m)	чек	tʃek
passar um cheque	чек жазып берүү	tʃek dʒazıp beryy
talão (m) de cheques	чек китепчеси	tʃek kiteptʃesi
carteira (f)	намыян	namıjan
niqueleira (f)	капчык	kaptʃık
cofre (m)	сейф	sejf
herdeiro (m)	мураскер	murasker
herança (f)	мурас	muras
fortuna (riqueza)	мүлк	mylk
arrendamento (m)	ижара	idʒara
aluguel (pagar o ~)	батир акысы	batir akısı
alugar (vt)	батирге алуу	batirge aluu
preço (m)	баа	baa
custo (m)	баа	baa
soma (f)	сумма	summa
gastar (vt)	коротуу	korotuu
gastos (m pl)	чыгым	tʃıgım

economizar (vi)	үнөмдөө	ynømdøø
econômico (adj)	сарамжал	saramdʒal
pagar (vt)	төлөө	tøløø
pagamento (m)	акы төлөө	akı tøløø
troco (m)	кайтарылган майда акча	kajtarılgan majda aktʃa
imposto (m)	салык	salık
multa (f)	айып	ajıp
multar (vt)	айып пул салуу	ajıp pul saluu

81. Correios. Serviço postal

agência (f) dos correios	почта	potʃta
correio (m)	почта	potʃta
carteiro (m)	кат ташуучу	kat taʃuutʃu
horário (m)	иш сааттары	iʃ saattarı
carta (f)	кат	kat
carta (f) registada	тапшырык кат	tapʃırık kat
cartão (m) postal	открытка	otkrıtka
telegrama (m)	телеграмма	telegramma
encomenda (f)	посылка	posılka
transferência (f) de dinheiro	акча которуу	aktʃa kotoruu
receber (vt)	алуу	aluu
enviar (vt)	жөнөтүү	dʒønøtyy
envio (m)	жөнөтүү	dʒønøtyy
endereço (m)	дарек	darek
código (m) postal	индекс	indeks
remetente (m)	жөнөтүүчү	dʒønøtyytʃy
destinatário (m)	алуучу	aluutʃu
nome (m)	аты	atı
sobrenome (m)	фамилиясы	familijası
tarifa (f)	тариф	tarif
ordinário (adj)	жөнөкөй	dʒønøkøj
econômico (adj)	үнөмдүү	ynømdyy
peso (m)	салмак	salmak
pesar (estabelecer o peso)	таразалоо	tarazaloo
envelope (m)	конверт	konvert
selo (m) postal	марка	marka
colar o selo	марка жабыштыруу	marka dʒabıʃtıruu

Moradia. Casa. Lar

82. Casa. Habitação

casa (f)	үй	yj
em casa	үйүндө	yjyndø
pátio (m), quintal (f)	эшик	eʃik
cerca, grade (f)	тосмо	tosmo
tijolo (m)	кыш	kıʃ
de tijolos	кыштан	kıʃtan
pedra (f)	таш	taʃ
de pedra	таш	taʃ
concreto (m)	бетон	beton
concreto (adj)	бетон	beton
novo (adj)	жаңы	dʒaŋı
velho (adj)	эски	eski
decrépito (adj)	эскирген	eskirgen
moderno (adj)	заманбап	zamanbap
de vários andares	көп кабаттуу	køp kabattuu
alto (adj)	бийик	bijik
andar (m)	кабат	kabat
de um andar	бир кабаттуу	bir kabat
térreo (m)	ылдыйкы этаж	ıldıjkı etadʒ
andar (m) de cima	үстүнкү этаж	ystyŋky etadʒ
telhado (m)	чатыр	tʃatır
chaminé (f)	мор	mor
telha (f)	чатыр карапа	tʃatır karapa
de telha	карапалуу	karapaluu
sótão (m)	чердак	tʃerdak
janela (f)	терезе	tereze
vidro (m)	айнек	ajnek
parapeito (m)	текче	tektʃe
persianas (f pl)	терезе жапкычы	tereze dʒapkıtʃı
parede (f)	дубал	dubal
varanda (f)	балкон	balkon
calha (f)	суу аккан түтүк	suu akkan tytyk
em cima	өйдө	øjdø
subir (vi)	көтөрүлүү	køtørylyy
descer (vi)	ылдый түшүү	ıldıj tyʃyy
mudar-se (vr)	көчүү	køtʃyy

83. Casa. Entrada. Elevador

entrada (f)	подъезд	pod^hjezd
escada (f)	тепкич	tepkitʃ
degraus (m pl)	тепкичтер	tepkitʃter
corrimão (m)	тосмо	tosmo
hall (m) de entrada	холл	χoll
caixa (f) de correio	почта ящиги	potʃta jaʃʃigi
lata (f) do lixo	таштанды челеги	taʃtandı tʃelegi
calha (f) de lixo	таштанды түтүгү	taʃtandı tytygy
elevador (m)	лифт	lift
elevador (m) de carga	жүк ташуучу лифт	dʒyk taʃuutʃu lift
cabine (f)	кабина	kabina
pegar o elevador	лифтке түшүү	liftke tyʃyy
apartamento (m)	батир	batir
residentes (pl)	жашоочулар	dʒaʃootʃular
vizinho (m)	кошуна	koʃuna
vizinha (f)	кошуна	koʃuna
vizinhos (pl)	кошуналар	koʃunalar

84. Casa. Portas. Fechaduras

porta (f)	эшик	eʃik
portão (m)	дарбаза	darbaza
maçaneta (f)	тутка	tutka
destrancar (vt)	кулпусун ачуу	kulpusun atʃuu
abrir (vt)	ачуу	atʃuu
fechar (vt)	жабуу	dʒabuu
chave (f)	ачкыч	atʃkıtʃ
molho (m)	ачкычтар тизмеси	atʃkıtʃtar tizmesi
ranger (vi)	кычыратуу	kıtʃıratuu
rangido (m)	чыйкылдоо	tʃıjkıldoo
dobradiça (f)	петля	petlʲa
capacho (m)	килемче	kilemtʃe
fechadura (f)	кулпу	kulpu
buraco (m) da fechadura	кулпу тешиги	kulpu teʃigi
barra (f)	бекитме	bekitme
fecho (ferrolho pequeno)	тээк	teek
cadeado (m)	асма кулпу	asma kulpu
tocar (vt)	чалуу	tʃaluu
toque (m)	шыңгыраш	ʃıŋgıraʃ
campainha (f)	конгуроо	konguroo
botão (m)	конгуроо баскычы	konguroo baskıtʃı
batida (f)	такылдатуу	takıldatuu
bater (vi)	такылдатуу	takıldatuu
código (m)	код	kod
fechadura (f) de código	код кулпусу	kod kulpusu

interfone (m)	домофон	domofon
número (m)	номер	nomer
placa (f) de porta	тактача	taktatʃa
olho (m) mágico	көзче	køztʃø

85. Casa de campo

aldeia (f)	кыштак	kıʃtak
horta (f)	чарбак	tʃarbak
cerca (f)	тосмо	tosmo
cerca (f) de piquete	кашаа	kaʃaa
portão (f) do jardim	каалга	kaalga
celeiro (m)	кампа	kampa
adega (f)	apoo	oroo
galpão, barracão (m)	сарай	saraj
poço (m)	кудук	kuduk
fogão (m)	меш	meʃ
atiçar o fogo	меш жагуу	meʃ dʒaguu
lenha (carvão ou ~)	отун	otun
acha, lenha (f)	бир кертим жыгач	bir kertim dʒıgatʃ
varanda (f)	веранда	veranda
alpendre (m)	терасса	terassa
degraus (m pl) de entrada	босого	bosogo
balanço (m)	селкинчек	selkintʃek

86. Castelo. Palácio

castelo (m)	сепил	sepil
palácio (m)	сарай	saraj
fortaleza (f)	чеп	tʃep
muralha (f)	дубал	dubal
torre (f)	мунара	munara
calabouço (m)	баш мунара	baʃ munara
grade (f) levadiça	көтөрүлүүчү дарбаза	køtørylyytʃy darbaza
passagem (f) subterrânea	жер астындагы жол	dʒer astındagı dʒol
fosso (m)	сепил аңгеги	sepil aŋgegi
corrente, cadeia (f)	чынжыр	tʃındʒır
seteira (f)	атуучу тешик	atuutʃu teʃik
magnífico (adj)	сонун	sonun
majestoso (adj)	даңазалуу	daŋazaluu
inexpugnável (adj)	бекем чеп	bekem tʃep
medieval (adj)	орто кылымдык	orto kılımdık

87. Apartamento

apartamento (m)	батир	batir
quarto, cômodo (m)	бөлмө	bølmø
quarto (m) de dormir	уктоочу бөлмө	uktootʃu bølmø
sala (f) de jantar	ашкана	aʃkana
sala (f) de estar	конок үйү	konok yjy
escritório (m)	иш бөлмөсү	iʃ bølmøsy
sala (f) de entrada	кире бериш	kire beriʃ
banheiro (m)	ванная	vannaja
lavabo (m)	даараткана	daaratkana
teto (m)	шып	ʃıp
chão, piso (m)	пол	pol
canto (m)	бурч	burtʃ

88. Apartamento. Limpeza

arrumar, limpar (vt)	жыйноо	dʒıjnoo
guardar (no armário, etc.)	жыйноо	dʒıjnoo
pó (m)	чаң	tʃaŋ
empoeirado (adj)	чаң баскан	tʃaŋ baskan
tirar o pó	чаң сүртүү	tʃaŋ syrtyy
aspirador (m)	чаң соргуч	tʃaŋ sorgutʃ
aspirar (vt)	чаң сордуруу	tʃaŋ sorduruu
varrer (vt)	шыпыруу	ʃıpıruu
sujeira (f)	шыпырынды	ʃıpırındı
arrumação, ordem (f)	иреттелген	irettelgen
desordem (f)	чачылган	tʃatʃılgan
esfregão (m)	швабра	ʃvabra
pano (m), trapo (m)	чүпүрөк	tʃypyrøk
vassoura (f)	шыпыргы	ʃıpırgı
pá (f) de lixo	калак	kalak

89. Mobiliário. Interior

mobiliário (m)	эмерек	emerek
mesa (f)	стол	stol
cadeira (f)	стул	stul
cama (f)	керебет	kerebet
sofá, divã (m)	диван	divan
poltrona (f)	олпок отургуч	olpok oturgutʃ
estante (f)	китеп шкафы	kitep ʃkafı
prateleira (f)	текче	tektʃe
guarda-roupas (m)	шкаф	ʃkaf
cabide (m) de parede	кийим илгич	kijim ilgitʃ

cabideiro (m) de pé	кийим илгич	kijim ilgitʃ
cômoda (f)	комод	komod
mesinha (f) de centro	журнал столу	dʒurnal stolu

espelho (m)	күзгү	kyzgy
tapete (m)	килем	kilem
tapete (m) pequeno	килемче	kilemtʃe

lareira (f)	очок	otʃok
vela (f)	шам	ʃam
castiçal (m)	шамдал	ʃamdal

cortinas (f pl)	парда	parda
papel (m) de parede	туш кагаз	tuʃ kagaz
persianas (f pl)	жалюзи	dʒaldʒuzi

luminária (f) de mesa	стол чырагы	stol tʃıragı
luminária (f) de parede	чырак	tʃırak
abajur (m) de pé	торшер	torʃer
lustre (m)	асма шам	asma ʃam

pé (de mesa, etc.)	бут	but
braço, descanso (m)	чыканак такооч	tʃıkanak takootʃ
costas (f pl)	жөлөнгүч	dʒøløngytʃ
gaveta (f)	суурма	suurma

90. Quarto de dormir

roupa (f) de cama	шейшеп	ʃejʃep
travesseiro (m)	жаздык	dʒazdık
fronha (f)	жаздык кап	dʒazdık kap
cobertor (m)	жууркан	dʒuurkan
lençol (m)	шейшеп	ʃejʃep
colcha (f)	жапкыч	dʒapkıtʃ

91. Cozinha

cozinha (f)	ашкана	aʃkana
gás (m)	газ	gaz
fogão (m) a gás	газ плитасы	gaz plitası
fogão (m) elétrico	электр плитасы	elektr plitası
forno (m)	духовка	duχovka
forno (m) de micro-ondas	микротолкун меши	mikrotolkun meʃi

geladeira (f)	муздаткыч	muzdatkıtʃ
congelador (m)	тоңдургуч	toŋdurgutʃ
máquina (f) de lavar louça	идиш жуучу машина	idiʃ dʒuutʃu maʃina

moedor (m) de carne	эт туурагыч	et tuuragıtʃ
espremedor (m)	шире сыккыч	ʃire sıkkıtʃ
torradeira (f)	тостер	toster
batedeira (f)	миксер	mikser

máquina (f) de café	кофе кайнаткыч	kofe kajnatkıtʃ
cafeteira (f)	кофе кайнатуучу идиш	kofe kajnatuutʃu idiʃ
moedor (m) de café	кофе майдалагыч	kofe majdalagıtʃ
chaleira (f)	чайнек	tʃajnek
bule (m)	чайнек	tʃajnek
tampa (f)	капкак	kapkak
coador (m) de chá	чыпка	tʃıpka
colher (f)	кашык	kaʃık
colher (f) de chá	чай кашык	tʃaj kaʃık
colher (f) de sopa	аш кашык	aʃ kaʃık
garfo (m)	вилка	vilka
faca (f)	бычак	bıtʃak
louça (f)	идиш-аяк	idiʃ-ajak
prato (m)	табак	tabak
pires (m)	табак	tabak
cálice (m)	рюмка	rʉmka
copo (m)	ыстакан	ıstakan
xícara (f)	чөйчөк	tʃøjtʃøk
açucareiro (m)	кум шекер салгыч	kum ʃeker salgıtʃ
saleiro (m)	туз салгыч	tuz salgıtʃ
pimenteiro (m)	мурч салгыч	murtʃ salgıtʃ
manteigueira (f)	май салгыч	maj salgıtʃ
panela (f)	мискей	miskej
frigideira (f)	табак	tabak
concha (f)	чөмүч	tʃømytʃ
coador (m)	депкир	depkir
bandeja (f)	батыныс	batınıs
garrafa (f)	бөтөлкө	bøtølkø
pote (m) de vidro	банка	banka
lata (~ de cerveja)	банка	banka
abridor (m) de garrafa	ачкыч	atʃkıtʃ
abridor (m) de latas	ачкыч	atʃkıtʃ
saca-rolhas (m)	штопор	ʃtopor
filtro (m)	чыпка	tʃıpka
filtrar (vt)	чыпкалоо	tʃıpkaloo
lixo (m)	таштанды	taʃtandı
lixeira (f)	таштанды чака	taʃtandı tʃaka

92. Casa de banho

banheiro (m)	ванная	vannaja
água (f)	суу	suu
torneira (f)	чорго	tʃorgo
água (f) quente	ысык суу	ısık suu
água (f) fria	муздак суу	muzdak suu

pasta (f) de dente	тиш пастасы	tiʃ pastası
escovar os dentes	тиш жуу	tiʃ dʒuu
escova (f) de dente	тиш щёткасы	tiʃ ʃtʃotkası
barbear-se (vr)	кырынуу	kırınuu
espuma (f) de barbear	кырынуу үчүн көбүк	kırınuu ytʃyn købyk
gilete (f)	устара	ustara
lavar (vt)	жуу	dʒuu
tomar banho	жуунуу	dʒuunuu
chuveiro (m), ducha (f)	душ	duʃ
tomar uma ducha	душка түшүү	duʃka tyʃyy
banheira (f)	ванна	vanna
vaso (m) sanitário	унитаз	unitaz
pia (f)	раковина	rakovina
sabonete (m)	самын	samın
saboneteira (f)	самын салгыч	samın salgıtʃ
esponja (f)	губка	gubka
xampu (m)	шампунь	ʃampunʲ
toalha (f)	сүлгү	sylgy
roupão (m) de banho	халат	χalat
lavagem (f)	кир жуу	kir dʒuu
lavadora (f) de roupas	кир жуучу машина	kir dʒuutʃu maʃina
lavar a roupa	кир жуу	kir dʒuu
detergente (m)	кир жуучу порошок	kir dʒuutʃu poroʃok

93. Eletrodomésticos

televisor (m)	сыналгы	sınalgı
gravador (m)	магнитофон	magnitofon
videogravador (m)	видеомагнитофон	videomagnitofon
rádio (m)	үналгы	ynalgı
leitor (m)	плеер	pleer
projetor (m)	видеопроектор	videoproektor
cinema (m) em casa	үй кинотеатры	yj kinoteatrı
DVD Player (m)	DVD ойноткуч	dividi ojnotkutʃ
amplificador (m)	күчөткүч	kytʃøtkytʃ
console (f) de jogos	оюн приставкасы	ojʉn pristavkası
câmera (f) de vídeo	видеокамера	videokamera
máquina (f) fotográfica	фотоаппарат	fotoapparat
câmera (f) digital	санарип камерасы	sanarip kamerası
aspirador (m)	чаң соргуч	tʃaŋ sorgutʃ
ferro (m) de passar	үтүк	ytyk
tábua (f) de passar	үтүктөөчү тактай	ytyktøøtʃy taktaj
telefone (m)	телефон	telefon
celular (m)	мобилдик	mobildik

máquina (f) de escrever	машинка	maʃinka
máquina (f) de costura	кийим тигүүчү машинка	kijim tigyytʃy maʃinka

microfone (m)	микрофон	mikrofon
fone (m) de ouvido	кулакчын	kulaktʃin
controle remoto (m)	пульт	pulʲt

CD (m)	CD, компакт-диск	sidi, kompakt-disk
fita (f) cassete	кассета	kasseta
disco (m) de vinil	пластинка	plastinka

94. Reparações. Renovação

renovação (f)	ремонт	remont
renovar (vt), fazer obras	ремонт жасоо	remont dʒasoo
reparar (vt)	оңдоо	oŋdoo
consertar (vt)	иретке келтирүү	iretke keltiryy
refazer (vt)	кайра жасатуу	kajra dʒasatuu

tinta (f)	сыр	sır
pintar (vt)	боео	boeo
pintor (m)	боекчу	boektʃu
pincel (m)	кисть	kistʲ

cal (f)	акиташ	akitaʃ
caiar (vt)	актоо	aktoo

papel (m) de parede	туш кагаз	tuʃ kagaz
colocar papel de parede	туш кагаз менен чаптоо	tuʃ kagaz menen tʃaptoo
verniz (m)	лак	lak
envernizar (vt)	лак менен жабуу	lak menen dʒabuu

95. Canalizações

água (f)	суу	suu
água (f) quente	ысык суу	ısık suu
água (f) fria	муздак суу	muzdak suu
torneira (f)	чорго	tʃorgo

gota (f)	тамчы	tamtʃı
gotejar (vi)	тамчылоо	tamtʃıloo
vazar (vt)	агуу	aguu
vazamento (m)	суу өтүү	suu øtyy
poça (f)	көлчүк	køltʃyk

tubo (m)	түтүк	tytyk
válvula (f)	чорго	tʃorgo
entupir-se (vr)	тыгылуу	tıgıluu

ferramentas (f pl)	аспаптар	aspaptar
chave (f) inglesa	бурама ачкыч	burama atʃkıtʃ
desenroscar (vt)	бурап чыгаруу	burap tʃıgaruu

enroscar (vt)	бурап бекитүү	burap bekityy
desentupir (vt)	тазалоо	tazaloo
encanador (m)	сантехник	santeχnik
porão (m)	жер асты	dʒer astı
rede (f) de esgotos	канализация	kanalizaʦija

96. Fogo. Deflagração

incêndio (m)	өрт	ørt
chama (f)	жалын	dʒalın
faísca (f)	учкун	utʃkun
fumaça (f)	түтүн	tytyn
tocha (f)	шамана	ʃamana
fogueira (f)	от	ot

gasolina (f)	күйүүчү май	kyjyytʃy may
querosene (m)	керосин	kerosin
inflamável (adj)	күйүүчү	kyjyytʃy
explosivo (adj)	жарылуу коркунучу	dʒarıluu korkunutʃu
PROIBIDO FUMAR!	ТАМЕКИ ЧЕГҮҮГӨ БОЛБОЙТ!	tameki tʃegyygø bolbojt!

segurança (f)	коопсуз	koopsuz
perigo (m)	коркунуч	korkunutʃ
perigoso (adj)	кооптуу	kooptuu

incendiar-se (vr)	от алуу	ot aluu
explosão (f)	жарылуу	dʒarıluu
incendiar (vt)	өрттөө	ørttøø
incendiário (m)	өрттөөчү	ørttøøtʃy
incêndio (m) criminoso	өрттөө	ørttøø

flamejar (vi)	жалындап күйүү	dʒalındap kyjyy
queimar (vi)	күйүү	kyjyy
queimar tudo (vi)	күйүп кетүү	kyjyp ketyy

| chamar os bombeiros | өрт өчүргүчтөрдү чакыруу | ørt øtʃyrgytʃtørdy tʃakıruu |

bombeiro (m)	өрт өчүргүч	ørt øtʃyrgytʃ
caminhão (m) de bombeiros	өрт өчүрүүчү машина	ørt øtʃyryytʃy maʃina
corpo (m) de bombeiros	өрт өчүрүү командасы	ørt øtʃyryy komandası
escada (f) extensível	өрт өчүрүүчү шаты	ørt øtʃyryytʃy ʃatı

mangueira (f)	шланг	ʃlang
extintor (m)	өрт өчүргүч	ørt øtʃyrgytʃ
capacete (m)	каска	kaska
sirene (f)	сирена	sirena

gritar (vi)	айгай салуу	ajgaj saluu
chamar por socorro	жардамга чакыруу	dʒardamga tʃakıruu
socorrista (m)	куткаруучу	kutkaruutʃu
salvar, resgatar (vt)	куткаруу	kutkaruu
chegar (vi)	келүү	kelyy
apagar (vt)	өчүрүү	øtʃyryy

| água (f) | суу | suu |
| areia (f) | кум | kum |

ruínas (f pl)	уранды	urandı
ruir (vi)	уроо	uroo
desmoronar (vi)	кулоо	kuloo
desabar (vi)	урап тушуу	urap tuʃyy

| fragmento (m) | сынык | sınık |
| cinza (f) | күл | kyl |

| sufocar (vi) | тумчугуу | tumtʃuguu |
| perecer (vi) | өлүү | ølyy |

ATIVIDADES HUMANAS

Emprego. Negócios. Parte 1

97. Banca

banco (m)	банк	bank
balcão (f)	бөлүм	bølym
consultor (m) bancário	кеңешчи	keŋeʃʧi
gerente (m)	башкаруучу	baʃkaruuʧu
conta (f)	эсеп	esep
número (m) da conta	эсеп номери	esep nomeri
conta (f) corrente	учурдагы эсеп	uʧurdagı esep
conta (f) poupança	топтолмо эсеп	toptolmo esep
abrir uma conta	эсеп ачуу	esep aʧuu
fechar uma conta	эсеп жабуу	esep dʒabuu
depositar na conta	эсепке акча салуу	esepke akʧa saluu
sacar (vt)	эсептен акча чыгаруу	esepten akʧa ʧıgaruu
depósito (m)	аманат	amanat
fazer um depósito	аманат кылуу	amanat kıluu
transferência (f) bancária	акча которуу	akʧa kotoruu
transferir (vt)	акча которуу	akʧa kotoruu
soma (f)	сумма	summa
Quanto?	Канча?	kanʧa?
assinatura (f)	кол тамга	kol tamga
assinar (vt)	кол коюу	kol kojʉu
cartão (m) de crédito	насыя картасы	nasıja kartası
senha (f)	код	kod
número (m) do cartão de crédito	насыя картанын номери	nasıja kartanın nomeri
caixa (m) eletrônico	банкомат	bankomat
cheque (m)	чек	ʧek
passar um cheque	чек жазып берүү	ʧek dʒazıp beryy
talão (m) de cheques	чек китепчеси	ʧek kitepʧesi
empréstimo (m)	насыя	nasıja
pedir um empréstimo	насыя үчүн кайрылуу	nasıja yʧyn kajrıluu
obter empréstimo	насыя алуу	nasıja aluu
dar um empréstimo	насыя берүү	nasıja beryy
garantia (f)	кепилдик	kepildik

98. Telefone. Conversação telefônica

telefone (m)	телефон	telefon
celular (m)	мобилдик	mobildik
secretária (f) eletrônica	автоматтык жооп берүүчү	avtomattık dʒoop beryytʃy
fazer uma chamada	чалуу	tʃaluu
chamada (f)	чакыруу	tʃakıruu
discar um número	номер терүү	nomer teryy
Alô!	Алло!	allo!
perguntar (vt)	суроо	suroo
responder (vt)	жооп берүү	dʒoop beryy
ouvir (vt)	угуу	uguu
bem	жакшы	dʒakʃı
mal	жаман	dʒaman
ruído (m)	ызы-чуу	ızı-tʃuu
fone (m)	трубка	trubka
pegar o telefone	трубканы алуу	trubkanı aluu
desligar (vi)	трубканы коюу	trubkanı kojʉu
ocupado (adj)	бош эмес	boʃ emes
tocar (vi)	шыңгыроо	ʃıŋgıroo
lista (f) telefônica	телефондук китепче	telefonduk kiteptʃe
local (adj)	жергиликтүү	dʒergiliktyy
chamada (f) local	жергиликтүү чакыруу	dʒergiliktyy tʃakıruu
de longa distância	шаар аралык	ʃaar aralık
chamada (f) de longa distância	шаар аралык чакыруу	ʃaar aralık tʃakıruu
internacional (adj)	эл аралык	el aralık
chamada (f) internacional	эл аралык чакыруу	el aralık tʃakıruu

99. Telefone móvel

celular (m)	мобилдик	mobildik
tela (f)	дисплей	displej
botão (m)	баскыч	baskıtʃ
cartão SIM (m)	SIM-карта	sim-karta
bateria (f)	батарея	batareja
descarregar-se (vr)	зарядканын түгөнүүсү	zarʲadkanın tygønyysy
carregador (m)	заряддоочу шайман	zarʲaddootʃu ʃajman
menu (m)	меню	menʉ
configurações (f pl)	орнотуулар	ornotuular
melodia (f)	обон	obon
escolher (vt)	тандоо	tandoo
calculadora (f)	калькулятор	kalʲkulʲator
correio (m) de voz	автоматтык жооп бергич	avtomattık dʒoop bergitʃ

| despertador (m) | ойготкуч | ojgotkuʧ |
| contatos (m pl) | байланыштар | bajlanıʃtar |

| mensagem (f) de texto | SMS-кабар | esemes-kabar |
| assinante (m) | абонент | abonent |

100. Estacionário

| caneta (f) | калем сап | kalem sap |
| caneta (f) tinteiro | калем уч | kalem uʧ |

lápis (m)	карандаш	karandaʃ
marcador (m) de texto	маркер	marker
caneta (f) hidrográfica	фломастер	flomaster

| bloco (m) de notas | дептерче | depterʧe |
| agenda (f) | күндөлүк | kyndølyk |

régua (f)	сызгыч	sızgıʧ
calculadora (f)	калькулятор	kalʲkulʲator
borracha (f)	өчүргүч	øʧyrgyʧ
alfinete (m)	кнопка	knopka
clipe (m)	кыскыч	kıskıʧ

cola (f)	желим	dʒelim
grampeador (m)	степлер	stepler
furador (m) de papel	тешкич	teʃkiʧ
apontador (m)	учтагыч	uʧtagıʧ

Emprego. Negócios. Parte 2

101. Media

jornal (m)	гезит	gezit
revista (f)	журнал	dʒurnal
imprensa (f)	пресса	pressa
rádio (m)	үналгы	ynalgı
estação (f) de rádio	радио толкуну	radio tolkunu
televisão (f)	телекөрсөтүү	telekørsøtyy
apresentador (m)	алып баруучу	alıp baruutʃu
locutor (m)	диктор	diktor
comentarista (m)	баяндамачы	bajandamatʃı
jornalista (m)	журналист	dʒurnalist
correspondente (m)	кабарчы	kabartʃı
repórter (m) fotográfico	фотокорреспондент	fotokorrespondent
repórter (m)	репортёр	reportʲor
redator (m)	редактор	redaktor
redator-chefe (m)	башкы редактор	baʃkı redaktor
assinar a ...	жазылуу	dʒazıluu
assinatura (f)	жазылуу	dʒazıluu
assinante (m)	жазылуучу	dʒazıluutʃu
ler (vt)	окуу	okuu
leitor (m)	окурман	okurman
tiragem (f)	нуска	nuska
mensal (adj)	ай сайын	aj sajın
semanal (adj)	жума сайын	dʒuma sajın
número (jornal, revista)	номер	nomer
recente, novo (adj)	жаңы	dʒaŋı
manchete (f)	баш аты	baʃ atı
pequeno artigo (m)	кыскача макала	kıskatʃa makala
coluna (~ semanal)	рубрика	rubrika
artigo (m)	макала	makala
página (f)	бет	bet
reportagem (f)	репортаж	reportadʒ
evento (festa, etc.)	окуя	okuja
sensação (f)	дүң салуу	dyŋ saluu
escândalo (m)	жаңжал	dʒaŋdʒal
escandaloso (adj)	жаңжалчы	dʒaŋdʒaltʃı
grande (adj)	чуулгандуу	tʃuulganduu
programa (m)	көрсөтүү	kørsøtyy
entrevista (f)	интервью	intervʲu

transmissão (f) ao vivo	түз берүү	tyz beryy
canal (m)	канал	kanal

102. Agricultura

agricultura (f)	дыйкан чарбачылык	dıjkan ʧarbaʧılık
camponês (m)	дыйкан	dıjkan
camponesa (f)	дыйкан аял	dıjkan ajal
agricultor, fazendeiro (m)	фермер	fermer
trator (m)	трактор	traktor
colheitadeira (f)	комбайн	kombajn
arado (m)	соко	soko
arar (vt)	жер айдоо	dʒer ajdoo
campo (m) lavrado	айдоо жер	ajdoo dʒer
sulco (m)	жөөк	dʒøøk
semear (vt)	себүү	sebyy
plantadeira (f)	сеялка	sejalka
semeadura (f)	эгүү	egyy
foice (m)	чалгы	ʧalgı
cortar com foice	чабуу	ʧabuu
pá (f)	күрөк	kyrøk
cavar (vt)	казуу	kazuu
enxada (f)	кетмен	ketmen
capinar (vt)	отоо	otoo
erva (f) daninha	отоо чөп	otoo ʧøp
regador (m)	гүл челек	gyl ʧelek
regar (plantas)	сугаруу	sugaruu
rega (f)	сугат	sugat
forquilha (f)	айры	ajrı
ancinho (m)	тырмоо	tırmoo
fertilizante (m)	жер семирткич	dʒer semirtkiʧ
fertilizar (vt)	жер семиртүү	dʒer semirtyy
estrume, esterco (m)	кык	kık
campo (m)	талаа	talaa
prado (m)	шалбаа	ʃalbaa
horta (f)	чарбак	ʧarbak
pomar (m)	бакча	bakʧa
pastar (vt)	жаюу	dʒadʒuu
pastor (m)	чабан	ʧaban
pastagem (f)	жайыт	dʒajıt
pecuária (f)	мал чарбачылык	mal ʧarbaʧılık
criação (f) de ovelhas	кой чарбачылык	koj ʧarbaʧılık

plantação (f)	плантация	plantatsija
canteiro (m)	жөөк	dʒøøk
estufa (f)	күнөскана	kynøskana

| seca (f) | кургакчылык | kurgaktʃılık |
| seco (verão ~) | кургак | kurgak |

grão (m)	дан эгиндери	dan eginderi
cereais (m pl)	дан эгиндери	dan eginderi
colher (vt)	чаап алуу	tʃaap aluu

moleiro (m)	тегирменчи	tegirmentʃi
moinho (m)	тегирмен	tegirmen
moer (vt)	майдалоо	majdaloo
farinha (f)	ун	un
palha (f)	саман	saman

103. Construção. Processo de construção

canteiro (m) de obras	курулуш	kuruluʃ
construir (vt)	куруу	kuruu
construtor (m)	куруучу	kuruutʃu

projeto (m)	долбоор	dolboor
arquiteto (m)	архитектор	arχitektor
operário (m)	жумушчу	dʒumuʃtʃu

fundação (f)	пайдубал	pajdubal
telhado (m)	чатыр	tʃatır
estaca (f)	казык	kazık
parede (f)	дубал	dubal

| colunas (f pl) de sustentação | арматура | armatura |
| andaime (m) | куруучу тепкичтер | kuruutʃu tepkitʃter |

concreto (m)	бетон	beton
granito (m)	гранит	granit
pedra (f)	таш	taʃ
tijolo (m)	кыш	kıʃ

areia (f)	кум	kum
cimento (m)	цемент	tsement
emboço, reboco (m)	шыбак	ʃibak
emboçar, rebocar (vt)	шыбоо	ʃiboo

tinta (f)	сыр	sır
pintar (vt)	боео	boeo
barril (m)	бочка	botʃka

grua (f), guindaste (m)	кран	kran
erguer (vt)	көтөрүү	køtøryy
baixar (vt)	түшүрүү	tyʃyryy
buldózer (m)	бульдозер	bulʲdozer
escavadora (f)	экскаватор	ekskavator

caçamba (f)	**ковш**	kovʃ
escavar (vt)	**казуу**	kazuu
capacete (m) de proteção	**каска**	kaska

Profissões e ocupações

104. Procura de emprego. Demissão

trabalho (m)	иш	iʃ
equipe (f)	жамаат	dʒamaat
pessoal (m)	жамаат курамы	dʒamaat kuramı
carreira (f)	мансап	mansap
perspectivas (f pl)	перспектива	perspektiva
habilidades (f pl)	чеберчилик	tʃebertʃilik
seleção (f)	тандоо	tandoo
agência (f) de emprego	кадрдык агенттиги	kadrdık agenttigi
currículo (m)	таржымал	tardʒımal
entrevista (f) de emprego	аӊгемелешүү	aŋgemeleʃyy
vaga (f)	жумуш орун	dʒumuʃ orun
salário (m)	эмгек акы	emgek akı
salário (m) fixo	маяна	majana
pagamento (m)	акысын төлөө	akısın tøløø
cargo (m)	кызмат орун	kızmat orun
dever (do empregado)	милдет	mildet
gama (f) de deveres	милдеттенмелер	mildettenmeler
ocupado (adj)	бош эмес	boʃ emes
despedir, demitir (vt)	бошотуу	boʃotuu
demissão (f)	бошотуу	boʃotuu
desemprego (m)	жумушсуздук	dʒumuʃsuzduk
desempregado (m)	жумушсуз	dʒumuʃsuz
aposentadoria (f)	бааракы	baarakı
aposentar-se (vr)	ардактуу эс алууга чыгуу	ardaktuu es aluuga tʃıguu

105. Gente de negócios

diretor (m)	директор	direktor
gerente (m)	башкаруучу	baʃkaruutʃu
patrão, chefe (m)	башкаруучу	baʃkaruutʃu
superior (m)	башчы	baʃtʃı
superiores (m pl)	башчылар	baʃtʃılar
presidente (m)	президент	prezident
chairman (m)	төрага	tøraga
substituto (m)	орун басар	orun basar
assistente (m)	жардамчы	dʒardamtʃı

secretário (m)	катчы	kattʃı
secretário (m) pessoal	жеке катчы	dʒeke kattʃı

homem (m) de negócios	бизнесмен	biznesmen
empreendedor (m)	ишкер	iʃker
fundador (m)	негиздөөчү	negizdøøtʃy
fundar (vt)	негиздөө	negizdøø

principiador (m)	уюмдаштыруучу	ujumdaʃtıruutʃu
parceiro, sócio (m)	өнөктөш	ønøktøʃ
acionista (m)	акция кармоочу	aktsija karmootʃu

milionário (m)	миллионер	millioner
bilionário (m)	миллиардер	milliarder
proprietário (m)	ээси	eesi
proprietário (m) de terras	жер ээси	dʒer eesi

cliente (m)	кардар	kardar
cliente (m) habitual	туруктуу кардар	turuktuu kardar
comprador (m)	сатып алуучу	satıp aluutʃu
visitante (m)	келүүчү	kelyytʃy

profissional (m)	кесипкөй	kesipkøj
perito (m)	ишбилги	iʃbilgi
especialista (m)	адис	adis

banqueiro (m)	банкир	bankir
corretor (m)	далдалчы	daldaltʃı

caixa (m, f)	кассир	kassir
contador (m)	бухгалтер	buχgalter
guarda (m)	кароолчу	karooltʃu

investidor (m)	салым кошуучу	salım koʃuutʃu
devedor (m)	карыздар	karızdar
credor (m)	насыя алуучу	nasija aluutʃu
mutuário (m)	карызга алуучу	karızga aluutʃu

importador (m)	импорттоочу	importtootʃu
exportador (m)	экспорттоочу	eksporttootʃu

produtor (m)	өндүрүүчү	øndyryytʃy
distribuidor (m)	дистрибьютор	distribjutor
intermediário (m)	ортомчу	ortomtʃu

consultor (m)	кеңешчи	keŋeʃtʃi
representante comercial	сатуу агенти	satuu agenti
agente (m)	агент	agent
agente (m) de seguros	камсыздандыруучу агент	kamsızdandıruutʃu agent

106. Profissões de serviços

cozinheiro (m)	ашпозчу	aʃpoztʃu
chefe (m) de cozinha	башкы ашпозчу	baʃkı aʃpoztʃu

padeiro (m)	навайчы	navajtʃı
barman (m)	бармен	barmen
garçom (m)	официант	ofitsiant
garçonete (f)	официант кыз	ofitsiant kız
advogado (m)	жактоочу	dʒaktootʃu
jurista (m)	юрист	jurist
notário (m)	нотариус	notarius
eletricista (m)	электрик	elektrik
encanador (m)	сантехник	santexnik
carpinteiro (m)	жыгач уста	dʒıgatʃ usta
massagista (m)	укалоочу	ukalootʃu
massagista (f)	укалоочу	ukalootʃu
médico (m)	доктур	doktur
taxista (m)	такси айдоочу	taksi ajdootʃu
condutor (automobilista)	айдоочу	ajdootʃu
entregador (m)	жеткирүүчү	dʒetkiryytʃy
camareira (f)	үй кызматкери	yj kızmatkeri
guarda (m)	кароолчу	karooltʃu
aeromoça (f)	стюардесса	stuardessa
professor (m)	мугалим	mugalim
bibliotecário (m)	китепканачы	kitepkanatʃı
tradutor (m)	котормочу	kotormotʃu
intérprete (m)	ооэеки котормочу	oozeki kotormotʃu
guia (m)	гид	gid
cabeleireiro (m)	чач тарач	tʃatʃ taratʃ
carteiro (m)	кат ташуучу	kat taʃuutʃu
vendedor (m)	сатуучу	satuutʃu
jardineiro (m)	багбанчы	bagbantʃı
criado (m)	үй кызматчы	yj kızmattʃı
criada (f)	үй кызматчы аял	yj kızmattʃı ajal
empregada (f) de limpeza	тазалагыч	tazalagıtʃ

107. Profissões militares e postos

soldado (m) raso	катардагы жоокер	katardagı dʒooker
sargento (m)	сержант	serdʒant
tenente (m)	лейтенант	lejtenant
capitão (m)	капитан	kapitan
major (m)	майор	major
coronel (m)	полковник	polkovnik
general (m)	генерал	general
marechal (m)	маршал	marʃal
almirante (m)	адмирал	admiral
militar (m)	аскер кызматчысы	asker kızmattʃısı
soldado (m)	аскер	asker

oficial (m)	офицер	ofitser
comandante (m)	командир	komandir

guarda (m) de fronteira	чек арачы	tʃek aratʃı
operador (m) de rádio	радист	radist
explorador (m)	чалгынчы	tʃalgıntʃı
sapador-mineiro (m)	сапёр	sapʲor
atirador (m)	аткыч	atkıtʃ
navegador (m)	штурман	ʃturman

108. Oficiais. Padres

rei (m)	король, падыша	korolʲ, padıʃa
rainha (f)	ханыша	χanıʃa

príncipe (m)	канзаада	kanzaada
princesa (f)	ханбийке	χanbijke

czar (m)	падыша	padıʃa
czarina (f)	ханыша	χanıʃa

presidente (m)	президент	prezident
ministro (m)	министр	ministr
primeiro-ministro (m)	премьер-министр	premjer-ministr
senador (m)	сенатор	senator

diplomata (m)	дипломат	diplomat
cônsul (m)	консул	konsul
embaixador (m)	элчи	eltʃi
conselheiro (m)	кеңешчи	keŋeʃtʃi

funcionário (m)	аткаминер	atkaminer
prefeito (m)	префект	prefekt
Presidente (m) da Câmara	мэр	mer

juiz (m)	сот	sot
procurador (m)	прокурор	prokuror

missionário (m)	миссионер	missioner
monge (m)	кечил	ketʃil
abade (m)	аббат	abbat
rabino (m)	раввин	ravvin

vizir (m)	визирь	vizirʲ
xá (m)	шах	ʃaχ
xeique (m)	шейх	ʃejχ

109. Profissões agrícolas

abelheiro (m)	балчы	baltʃı
pastor (m)	чабан	tʃaban
agrônomo (m)	агроном	agronom

criador (m) de gado	малчы	maltʃı
veterinário (m)	мал доктуру	mal dokturu

agricultor, fazendeiro (m)	фермер	fermer
vinicultor (m)	вино жасоочу	vino dʒasootʃu
zoólogo (m)	зоолог	zoolog
vaqueiro (m)	ковбой	kovboj

110. Profissões artísticas

ator (m)	актёр	aktʲor
atriz (f)	актриса	aktrisa

cantor (m)	ырчы	ırtʃı
cantora (f)	ырчы кыз	ırtʃı kız

bailarino (m)	бийчи жигит	bijtʃi dʒigit
bailarina (f)	бийчи кыз	bijtʃi kız

artista (m)	аткаруучу	atkaruutʃu
artista (f)	аткаруучу	atkaruutʃu

músico (m)	музыкант	muzıkant
pianista (m)	пианист	pianist
guitarrista (m)	гитарист	gitarist

maestro (m)	дирижёр	diridʒʲor
compositor (m)	композитор	kompozitor
empresário (m)	импресарио	impresario

diretor (m) de cinema	режиссёр	redʒissʲor
produtor (m)	продюсер	produser
roteirista (m)	сценарист	stsenarist
crítico (m)	сынчы	sıntʃı

escritor (m)	жазуучу	dʒazuutʃu
poeta (m)	акын	akın
escultor (m)	бедизчи	bediztʃi
pintor (m)	сүрөтчү	syrøttʃy

malabarista (m)	жонглёр	dʒonglʲor
palhaço (m)	маскарапоз	maskarapoz
acrobata (m)	акробат	akrobat
ilusionista (m)	көз боечу	køz boetʃu

111. Várias profissões

médico (m)	доктур	doktur
enfermeira (f)	медсестра	medsestra
psiquiatra (m)	психиатр	psixiatr
dentista (m)	тиш доктур	tiʃ doktur
cirurgião (m)	хирург	xirurg

astronauta (m)	астронавт	astronavt
astrônomo (m)	астроном	astronom
piloto (m)	учкуч	uʧkuʧ

motorista (m)	айдоочу	ajdooʧu
maquinista (m)	машинист	maʃinist
mecânico (m)	механик	meχanik

mineiro (m)	кенчи	kenʧi
operário (m)	жумушчу	dʒumuʃʧu
serralheiro (m)	слесарь	slesarⁱ
marceneiro (m)	жыгач уста	dʒıgaʧ usta
torneiro (m)	токарь	tokarⁱ
construtor (m)	куруучу	kuruuʧu
soldador (m)	ширеткич	ʃiretkiʧ

professor (m)	профессор	professor
arquiteto (m)	архитектор	arχitektor
historiador (m)	тарыхчы	tarıχʧı
cientista (m)	илимпоз	ilimpoz
físico (m)	физик	fizik
químico (m)	химик	χimik

arqueólogo (m)	археолог	arχeolog
geólogo (m)	геолог	geolog
pesquisador (cientista)	изилдөөчу	izildøøʧy

babysitter, babá (f)	бала баккыч	bala bakkıʧ
professor (m)	мугалим	mugalim

redator (m)	редактор	redaktor
redator-chefe (m)	башкы редактор	baʃkı redaktor
correspondente (m)	кабарчы	kabarʧı
datilógrafa (f)	машинистка	maʃinistka

designer (m)	дизайнер	dizajner
especialista (m) em informática	компьютер адиси	kompjuter adisi
programador (m)	программист	programmist
engenheiro (m)	инженер	indʒener

marujo (m)	деңизчи	deŋizʧi
marinheiro (m)	матрос	matros
socorrista (m)	куткаруучу	kutkaruuʧu

bombeiro (m)	өрт өчургуч	ørt øʧyrgyʧ
polícia (m)	полиция кызматкери	politsija kızmatkeri
guarda-noturno (m)	кароолчу	karoolʧu
detetive (m)	аңдуучу	aŋduuʧu

funcionário (m) da alfândega	бажы кызматкери	badʒı kızmatkeri
guarda-costas (m)	жан сакчы	dʒan sakʧı
guarda (m) prisional	күзөтчу	kyzøtʧy
inspetor (m)	инспектор	inspektor
esportista (m)	спортчу	sportʧu
treinador (m)	машыктыруучу	maʃıktıruuʧu

açougueiro (m)	касапчы	kasaptʃı
sapateiro (m)	өтүкчү	øtyktʃy
comerciante (m)	жеке соодагер	dʒeke soodager
carregador (m)	жүк ташуучу	dʒyk taʃuutʃu
estilista (m)	модельер	modeljer
modelo (f)	модель	modelʲ

112. Ocupações. Estatuto social

estudante (~ de escola)	окуучу	okuutʃu
estudante (~ universitária)	студент	student
filósofo (m)	философ	filosof
economista (m)	экономист	ekonomist
inventor (m)	ойлоп табуучу	ojlop tabuutʃu
desempregado (m)	жумушсуз	dʒumuʃsuz
aposentado (m)	баргер	baarger
espião (m)	тыңчы	tıŋtʃı
preso, prisioneiro (m)	камактагы адам	kamaktagı adam
grevista (m)	иш калтыргыч	iʃ kaltırgıtʃ
burocrata (m)	бюрократ	bʉrokrat
viajante (m)	саякатчы	sajakattʃı
homossexual (m)	гомосексуалист	gomoseksualist
hacker (m)	хакер	χaker
hippie (m, f)	хиппи	χippi
bandido (m)	ууру-кески	uuru-keski
assassino (m)	жалданма киши өлтүргүч	dʒaldanma kiʃi øltyrgytʃ
drogado (m)	баңги	baŋgi
traficante (m)	баңгизат сатуучу	baŋgizat satuutʃu
prostituta (f)	сойку	sojku
cafetão (m)	жан бакты	dʒan baktı
bruxo (m)	жадыгөй	dʒadıgøj
bruxa (f)	жадыгөй	dʒadıgøj
pirata (m)	деңиз каракчысы	deŋiz karaktʃısı
escravo (m)	кул	kul
samurai (m)	самурай	samuraj
selvagem (m)	жапайы	dʒapajı

Desportos

113. Tipos de desportos. Desportistas

esportista (m)	спортчу	sporttʃu
tipo (m) de esporte	спорттун түрү	sporttun tyry
basquete (m)	баскетбол	basketbol
jogador (m) de basquete	баскетбол ойноочу	basketbol ojnootʃu
beisebol (m)	бейсбол	bejsbol
jogador (m) de beisebol	бейсбол ойноочу	bejsbol ojnootʃu
futebol (m)	футбол	futbol
jogador (m) de futebol	футбол ойноочу	futbol ojnootʃu
goleiro (m)	дарбазачы	darbazatʃı
hóquei (m)	хоккей	χokkej
jogador (m) de hóquei	хоккей ойноочу	χokkej ojnootʃu
vôlei (m)	волейбол	volejbol
jogador (m) de vôlei	волейбол ойноочу	volejbol ojnootʃu
boxe (m)	бокс	boks
boxeador (m)	бокс мушташуучу	boks muʃtaʃuutʃu
luta (f)	күрөш	kyrøʃ
lutador (m)	күрөшчү	kyrøʃtʃy
caratê (m)	карате	karate
carateca (m)	карате мушташуучу	karate muʃtaʃuutʃu
judô (m)	дзюдо	dzɵdo
judoca (m)	дзюдо чалуучу	dzɵdo tʃaluutʃu
tênis (m)	теннис	tennis
tenista (m)	теннис ойноочу	tennis ojnootʃu
natação (f)	сүзүү	syzyy
nadador (m)	сүзүүчү	syzyytʃy
esgrima (f)	кылычташуу	kılıtʃtaʃuu
esgrimista (m)	кылычташуучу	kılıtʃtaʃuutʃu
xadrez (m)	шахмат	ʃaχmat
jogador (m) de xadrez	шахмат ойноочу	ʃaχmat ojnootʃu
alpinismo (m)	альпинизм	alʲpinizm
alpinista (m)	альпинист	alʲpinist
corrida (f)	чуркоо	tʃurkoo

corredor (m)	жөө күлүк	dʒөө kylyk
atletismo (m)	жеңил атлетика	dʒeŋil atletika
atleta (m)	атлет	atlet

| hipismo (m) | ат спорту | at sportu |
| cavaleiro (m) | чабандес | tʃabandes |

patinação (f) artística	муз бийи	muz biji
patinador (m)	муз бийчи	muz bijtʃi
patinadora (f)	муз бийчи	muz bijtʃi

| halterofilismo (m) | оор атлетика | oor atletika |
| halterofilista (m) | оор атлет | oor atlet |

| corrida (f) de carros | авто жарыш | avto dʒarıʃ |
| piloto (m) | гонщик | gonʃtʃik |

| ciclismo (m) | велоспорт | velosport |
| ciclista (m) | велосипед тебүүчү | velosiped tebyytʃy |

salto (m) em distância	узундукка секирүү	uzundukka sekiryy
salto (m) com vara	шырык менен секирүү	ʃırık menen sekiryy
atleta (m) de saltos	секирүүчү	sekiryytʃy

114. Tipos de desportos. Diversos

futebol (m) americano	американский футбол	amerikanskij futbol
badminton (m)	бадминтон	badminton
biatlo (m)	биатлон	biatlon
bilhar (m)	бильярд	biljard

bobsled (m)	бобслей	bobslej
musculação (f)	бодибилдинг	bodibilding
polo (m) aquático	суу полосу	suu polosu
handebol (m)	гандбол	gandbol
golfe (m)	гольф	golʲf

remo (m)	калакты уруу	kalaktı uruu
mergulho (m)	сууга чөмүүчү	suuga tʃөmyytʃy
corrida (f) de esqui	чаңгы жарышы	tʃaŋgı dʒarıʃı
tênis (m) de mesa	стол тенниси	stol tennisi

vela (f)	парус астында сызуу	parus astında sızuu
rali (m)	ралли	ralli
rúgbi (m)	регби	regbi
snowboard (m)	сноуборд	snoubord
arco-e-flecha (m)	жаа атуу	dʒaa atuu

115. Ginásio

| barra (f) | штанга | ʃtanga |
| halteres (m pl) | гантелдер | gantelder |

aparelho (m) de musculação	машыгуу машине	maʃiguu maʃine
bicicleta (f) ergométrica	велотренажёр	velotrenadʒior
esteira (f) de corrida	тегеретме	tegeretme
barra (f) fixa	көпүрө жыгач	køpyrø dʒɪgatʃ
barras (f pl) paralelas	брусдар	brusdar
cavalo (m)	ат	at
tapete (m) de ginástica	мат	mat
corda (f) de saltar	секиргич	sekirgitʃ
aeróbica (f)	аэробика	aerobika
ioga, yoga (f)	йога	joga

116. Desportos. Diversos

Jogos (m pl) Olímpicos	Олимпиада Оюндары	olimpiada ojʉndarı
vencedor (m)	жеңүүчү	dʒeŋyytʃy
vencer (vi)	жеңүү	dʒeŋyy
vencer (vi, vt)	утуу	utuu
líder (m)	топ башы	top baʃı
liderar (vt)	топ башында болуу	top baʃında boluu
primeiro lugar (m)	биринчи орун	birintʃi orun
segundo lugar (m)	экинчи орун	ekintʃi orun
terceiro lugar (m)	үчүнчү орун	ytʃyntʃy orun
medalha (f)	медаль	medalʲ
troféu (m)	трофей	trofej
taça (f)	кубок	kubok
prêmio (m)	байге	bajge
prêmio (m) principal	баш байге	baʃ bajge
recorde (m)	рекорд	rekord
estabelecer um recorde	рекорд коюу	rekord kojʉu
final (m)	финал	final
final (adj)	финалдык	finaldık
campeão (m)	чемпион	tʃempion
campeonato (m)	чемпионат	tʃempionat
estádio (m)	стадион	stadion
arquibancadas (f pl)	трибуна	tribuna
fã, torcedor (m)	күйөрман	kyjørman
adversário (m)	каршылаш	karʃılaʃ
partida (f)	старт	start
linha (f) de chegada	маара	maara
derrota (f)	утулуу	utuluu
perder (vt)	жеңилүү	dʒeŋilyy
árbitro, juiz (m)	судья	sudja
júri (m)	калыстар	kalıstar

resultado (m)	эсеп	esep
empate (m)	теңме-тең	teŋme-teŋ
empatar (vi)	теңме-тең бүтүрүү	teŋme-teŋ bytyryy
ponto (m)	упай	upaj
resultado (m) final	натыйжа	natıjdʒa
tempo (m)	убак	ubak
intervalo (m)	тыныгуу	tınıguu
doping (m)	допинг	doping
penalizar (vt)	жазалоо	dʒazaloo
desqualificar (vt)	дисквалифициялоо	diskvalifitsijaloo
aparelho, aparato (m)	снаряд	snarʲad
dardo (m)	найза	najza
peso (m)	ядро	jadro
bola (f)	бильярд шары	biljard ʃarı
alvo, objetivo (m)	бута	buta
alvo (~ de papel)	бута	buta
disparar, atirar (vi)	атуу	atuu
preciso (tiro ~)	таамай	taamaj
treinador (m)	машыктыруучу	maʃıktıruutʃu
treinar (vt)	машыктыруу	maʃıktıruu
treinar-se (vr)	машыгуу	maʃıguu
treino (m)	машыгуу	maʃıguu
academia (f) de ginástica	спортзал	sportzal
exercício (m)	көнүгүү	kønygyy
aquecimento (m)	дене көрүү	dene keryy

Educação

117. Escola

escola (f)	мектеп	mektep
diretor (m) de escola	мектеп директору	mektep direktoru
aluno (m)	окуучу бала	okuutʃu bala
aluna (f)	окуучу кыз	okuutʃu kız
estudante (m)	окуучу	okuutʃu
estudante (f)	окуучу кыз	okuutʃu kız
ensinar (vt)	окутуу	okutuu
aprender (vt)	окуу	okuu
decorar (vt)	жаттоо	dʒattoo
estudar (vi)	үйрөнүү	yjrønyy
estar na escola	мектепке баруу	mektepke baruu
ir à escola	окууга баруу	okuuga baruu
alfabeto (m)	алфавит	alfavit
disciplina (f)	сабак	sabak
sala (f) de aula	класс	klass
lição, aula (f)	сабак	sabak
recreio (m)	танапис	tanapis
toque (m)	коңгуроо	konguroo
classe (f)	парта	parta
quadro (m) negro	такта	takta
nota (f)	баа	baa
boa nota (f)	жакшы баа	dʒakʃı baa
nota (f) baixa	жаман баа	dʒaman baa
dar uma nota	баа коюу	baa kojuu
erro (m)	ката	kata
errar (vi)	ката кетирүү	kata ketiryy
corrigir (~ um erro)	түзөтүү	tyzøtyy
cola (f)	шпаргалка	ʃpargalka
dever (m) de casa	үй иши	yj iʃi
exercício (m)	көнүгүү	kønygyy
estar presente	катышуу	katıʃuu
estar ausente	келбей калуу	kelbej kaluu
faltar às aulas	сабактарды калтыруу	sabaktardı kaltıruu
punir (vt)	жазалоо	dʒazaloo
punição (f)	жаза	dʒaza
comportamento (m)	жүрүм-турум	dʒyrym-turum

boletim (m) escolar	күндөлүк	kyndølyk
lápis (m)	карандаш	karandaʃ
borracha (f)	өчүргүч	øʧyrgyʧ
giz (m)	бор	bor
porta-lápis (m)	калем салгыч	kalem salgıʧ
mala, pasta, mochila (f)	портфель	portfelʲ
caneta (f)	калем сап	kalem sap
caderno (m)	дептер	depter
livro (m) didático	китеп	kitep
compasso (m)	циркуль	tsırkulʲ
traçar (vt)	чийүү	ʧijyy
desenho (m) técnico	чийме	ʧijme
poesia (f)	ыр сап	ır sap
de cor	жатка	dʒatka
decorar (vt)	жаттоо	dʒattoo
férias (f pl)	эс алуу	es aluu
estar de férias	эс алууда болуу	es aluuda boluu
passar as férias	эс алууну өткөзүү	es aluunu øtkøzyy
teste (m), prova (f)	текшерүү иш	tekʃeryy iʃ
redação (f)	дил баян	dil bajan
ditado (m)	жат жаздыруу	dʒat dʒazdıruu
exame (m), prova (f)	экзамен	ekzamen
fazer prova	экзамен тапшыруу	ekzamen tapʃıruu
experiência (~ química)	тажрыйба	tadʒrıjba

118. Colégio. Universidade

academia (f)	академия	akademija
universidade (f)	университет	universitet
faculdade (f)	факультет	fakulʲtet
estudante (m)	студент бала	student bala
estudante (f)	студент кыз	student kız
professor (m)	мугалим	mugalim
auditório (m)	дарскана	darskana
graduado (m)	окуу жайды бүтүрүүчү	okuu dʒajdı bytyryyʧy
diploma (m)	диплом	diplom
tese (f)	диссертация	dissertatsija
estudo (obra)	изилдөө	izildøø
laboratório (m)	лаборатория	laboratorija
palestra (f)	лекция	lektsija
colega (m) de curso	курсташ	kurstaʃ
bolsa (f) de estudos	стипендия	stipendija
grau (m) acadêmico	илимий даража	ilimij daradʒa

119. Ciências. Disciplinas

matemática (f)	математика	matematika
álgebra (f)	алгебра	algebra
geometria (f)	геометрия	geometrija
astronomia (f)	астрономия	astronomija
biologia (f)	биология	biologija
geografia (f)	география	geografija
geologia (f)	геология	geologija
história (f)	тарых	tarıχ
medicina (f)	медицина	meditsina
pedagogia (f)	педагогика	pedagogika
direito (m)	укук	ukuk
física (f)	физика	fizika
química (f)	химия	χimija
filosofia (f)	философия	filosofija
psicologia (f)	психология	psiχologija

120. Sistema de escrita. Ortografia

gramática (f)	грамматика	grammatika
vocabulário (m)	лексика	leksika
fonética (f)	фонетика	fonetika
substantivo (m)	зат атооч	zat atootʃ
adjetivo (m)	сын атооч	sın atootʃ
verbo (m)	этиш	etiʃ
advérbio (m)	тактооч	taktootʃ
pronome (m)	ат атооч	at atootʃ
interjeição (f)	сырдык сөз	sırdık søz
preposição (f)	препозиция	prepozitsija
raiz (f)	сөздүн уңгусу	søzdyn uŋgusu
terminação (f)	жалгоо	dʒalgoo
prefixo (m)	префикс	prefiks
sílaba (f)	муун	muun
sufixo (m)	суффикс	suffiks
acento (m)	басым	basım
apóstrofo (f)	апостроф	apostrof
ponto (m)	чекит	tʃekit
vírgula (f)	үтүр	ytyr
ponto e vírgula (m)	чекитүү үтүр	tʃekityy ytyr
dois pontos (m pl)	кош чекит	koʃ tʃekit
reticências (f pl)	көп чекит	køp tʃekit
ponto (m) de interrogação	суроо белгиси	suroo belgisi
ponto (m) de exclamação	илеп белгиси	ilep belgisi

aspas (f pl)	тырмакча	tırmakʧa
entre aspas	тырмакчага алынган	tırmakʧaga alıngan
parênteses (m pl)	кашаа	kaʃaa
entre parênteses	кашаага алынган	kaʃaaga alıngan
hífen (m)	дефис	defis
travessão (m)	тире	tire
espaço (m)	аралык	aralık
letra (f)	тамга	tamga
letra (f) maiúscula	баш тамга	baʃ tamga
vogal (f)	үндүү тыбыш	yndyy tıbıʃ
consoante (f)	үнсүз тыбыш	ynsyz tıbıʃ
frase (f)	сүйлөм	syjløm
sujeito (m)	сүйлөмдүн ээси	syjlømdyn eesi
predicado (m)	баяндооч	bajandooʧ
linha (f)	сап	sap
em uma nova linha	жаңы сап	dʒaŋı sap
parágrafo (m)	абзац	abzats
palavra (f)	сөз	søz
grupo (m) de palavras	сөз айкашы	søz ajkaʃı
expressão (f)	туюнтма	tujʉntma
sinônimo (m)	синоним	sinonim
antônimo (m)	антоним	antonim
regra (f)	эреже	eredʒe
exceção (f)	чектен чыгаруу	ʧekten ʧıgaruu
correto (adj)	туура	tuura
conjugação (f)	жактоо	dʒaktoo
declinação (f)	жөндөлүш	dʒøndølyʃ
caso (m)	жөндөмө	dʒøndømø
pergunta (f)	суроо	suroo
sublinhar (vt)	баса белгилөө	basa belgiløø
linha (f) pontilhada	пунктир	punktir

121. Línguas estrangeiras

língua (f)	тил	til
estrangeiro (adj)	чет	ʧet
língua (f) estrangeira	чет тил	ʧet til
estudar (vt)	окуу	okuu
aprender (vt)	үйрөнүү	yjrønyy
ler (vt)	окуу	okuu
falar (vi)	сүйлөө	syjløø
entender (vt)	түшүнүү	tyʃynyy
escrever (vt)	жазуу	dʒazuu
rapidamente	тез	tez
devagar, lentamente	жай	dʒaj

fluentemente	эркин	erkin
regras (f pl)	эрежелер	eredʒeler
gramática (f)	грамматика	grammatika
vocabulário (m)	лексика	leksika
fonética (f)	фонетика	fonetika
livro (m) didático	китеп	kitep
dicionário (m)	сөздүк	søzdyk
manual (m) autodidático	өзү үйрөткүч	øzy yjrøtkytʃ
guia (m) de conversação	тилачап	tilatʃar
fita (f) cassete	кассета	kasseta
videoteipe (m)	видеокассета	videokasseta
CD (m)	CD, компакт-диск	sidi, kompakt-disk
DVD (m)	DVD-диск	dividi-disk
alfabeto (m)	алфавит	alfavit
soletrar (vt)	эжелеп айтуу	edʒelep ajtuu
pronúncia (f)	айтылышы	ajtılıʃı
sotaque (m)	акцент	aktsent
com sotaque	акцент менен	aktsent menen
sem sotaque	акцентсиз	aktsentsiz
palavra (f)	сөз	søz
sentido (m)	маани	maani
curso (m)	курстар	kurstar
inscrever-se (vr)	курска жазылуу	kurska dʒazıluu
professor (m)	окутуучу	okutuutʃu
tradução (processo)	которуу	kotoruu
tradução (texto)	котормо	kotormo
tradutor (m)	котормочу	kotormotʃu
intérprete (m)	оозеки котормочу	oozeki kotormotʃu
poliglota (m)	полиглот	poliglot
memória (f)	эс тутум	es tutum

122. Personagens de contos de fadas

Papai Noel (m)	Санта Клаус	santa klaus
Cinderela (f)	Күлала кыз	kylala kız
sereia (f)	суу периси	suu perisi
Netuno (m)	Нептун	neptun
bruxo, feiticeiro (m)	сыйкырчы	sıjkırtʃı
fada (f)	сыйкырчы	sıjkırtʃı
mágico (adj)	сыйкырдуу	sıjkırduu
varinha (f) mágica	сыйкырлуу таякча	sıjkırluu tajaktʃa
conto (m) de fadas	жомок	dʒomok
milagre (m)	керемет	keremet
anão (m)	эргежээл	ergedʒeel

transformar-se em …	…га айлануу	…ga ajlanuu
fantasma (m)	көрүнчү	køryntʃy
fantasma (m)	арбак	arbak
monstro (m)	желмогуз	dʒelmoguz
dragão (m)	ажыдаар	adʒıdaar
gigante (m)	дөө	døø

123. Signos do Zodíaco

Áries (f)	Кой	koj
Touro (m)	Букачар	bukatʃar
Gêmeos (m pl)	Эгиздер	egizder
Câncer (m)	Рак	rak
Leão (m)	Арстан	arstan
Virgem (f)	Суу пери	suu peri
Libra (f)	Тараза	taraza
Escorpião (m)	Чаян	tʃajan
Sagitário (m)	Жаачы	dʒaatʃı
Capricórnio (m)	Текечер	teketʃer
Aquário (m)	Суу куяр	suu kujar
Peixes (pl)	Балыктар	balıktar
caráter (m)	мүнөз	mynøz
traços (m pl) do caráter	мүнөздүн түрү	mynøzdyn tyry
comportamento (m)	жүрүм-турум	dʒyrym-turum
prever a sorte	төлгө ачуу	tølgø atʃuu
adivinha (f)	көз ачык	køz atʃık
horóscopo (m)	жылдыз төлгө	dʒıldız tølgø

Artes

124. Teatro

teatro (m)	театр	teatr
ópera (f)	опера	opera
opereta (f)	оперетта	operetta
balé (m)	балет	balet
cartaz (m)	афиша	afiʃa
companhia (f) de teatro	труппа	truppa
turnê (f)	гастрольго чыгуу	gastrolʲgo tʃɯguu
estar em turnê	гастрольдо журуу	gastrolʲdo dʒyryy
ensaiar (vt)	репетиция кылуу	repetitsija kɯluu
ensaio (m)	репетиция	repetitsija
repertório (m)	репертуар	repertuar
apresentação (f)	көрсөтүү	kørsøtyy
espetáculo (m)	спектакль	spektaklʲ
peça (f)	пьеса	pjesa
entrada (m)	билет	bilet
bilheteira (f)	билет кассасы	bilet kassasɯ
hall (m)	холл	χoll
vestiário (m)	гардероб	garderob
senha (f) numerada	номерок	nomerok
binóculo (m)	дүрбү	dyrby
lanterninha (m)	текшерүүчү	tekʃeryytʃy
plateia (f)	партер	parter
balcão (m)	балкон	balkon
primeiro balcão (m)	бельэтаж	beljetadʒ
camarote (m)	ложа	lodʒa
fila (f)	катар	katar
assento (m)	орун	orun
público (m)	эл	el
espectador (m)	көрүүчү	køryytʃy
aplaudir (vt)	кол чабуу	kol tʃabuu
aplauso (m)	кол чабуулар	kol tʃabuular
ovação (f)	дүркүрөгөн кол чабуулар	dyrkyrøgøn kol tʃabuular
palco (m)	сахна	saχna
cortina (f)	көшөгө	køʃøgø
cenário (m)	декорация	dekoratsija
bastidores (m pl)	көшөгө артында	køʃøgø artɯnda
cena (f)	көрсөтмө	kørsøtmø
ato (m)	окуя	okuja
intervalo (m)	антракт	antrakt

125. Cinema

ator (m)	актёр	aktʲor
atriz (f)	актриса	aktrisa
cinema (m)	кино	kino
filme (m)	тасма	tasma
episódio (m)	серия	serija
filme (m) policial	детектив	detektiv
filme (m) de ação	салгылаш тасмасы	salgılaʃ tasması
filme (m) de aventuras	укмуштуу окуялуу тасма	ukmuʃtuu okujaluu tasma
filme (m) de ficção científica	билим-жалган аралаш тасмасы	bilim-dʒalgan aralaʃ tasması
filme (m) de horror	коркутуу тасмасы	korkutuu tasması
comédia (f)	күлкүлүү кино	kylkylyy kino
melodrama (m)	ый менен кайгы аралаш	ıy menen kajgı aralaʃ
drama (m)	драма	drama
filme (m) de ficção	көркөм тасма	kørkøm tasma
documentário (m)	документүү тасма	dokumentyy tasma
desenho (m) animado	мультфильм	mulʲtfilʲm
cinema (m) mudo	үнсүз кино	ynsyz kino
papel (m)	роль	rolʲ
papel (m) principal	башкы роль	baʃkı rolʲ
representar (vt)	ойноо	ojnoo
estrela (f) de cinema	кино жылдызы	kino dʒıldızı
conhecido (adj)	белгилүү	belgilyy
famoso (adj)	атактуу	ataktuu
popular (adj)	даңазалуу	daŋazaluu
roteiro (m)	сценарий	stsenarij
roteirista (m)	сценарист	stsenarist
diretor (m) de cinema	режиссёр	redʒissʲor
produtor (m)	продюсер	produʦer
assistente (m)	ассистент	assistent
diretor (m) de fotografia	оператор	operator
dublê (m)	айлагер	ajlager
dublê (m) de corpo	кейпин кийүүчү	kejpin kijyyʧy
filmar (vt)	тасма тартуу	tasma tartuu
audição (f)	сыноо	sınoo
filmagem (f)	тартуу	tartuu
equipe (f) de filmagem	тартуу группасы	tartuu gruppası
set (m) de filmagem	тартуу аянты	tartuu ajantı
câmera (f)	кинокамера	kinokamera
cinema (m)	кинотеатр	kinoteatr
tela (f)	экран	ekran
exibir um filme	тасманы көрсөтүү	tasmanı kørsøtyy
trilha (f) sonora	үн нугу	yn nugu
efeitos (m pl) especiais	атайын эффектер	atajın effekter

legendas (f pl)	субтитрлер	subtitrler
crédito (m)	титрлер	titrler
tradução (f)	котору	kotoruu

126. Pintura

arte (f)	көркөм өнөр	kørkøm ønør
belas-artes (f pl)	көркөм чеберчилик	kørkøm ʧeberʧilik
galeria (f) de arte	арт-галерея	art-galereja
exibição (f) de arte	сүрөт көргөзмөсү	syrøt kørgøzmøsy

pintura (f)	живопись	dʒivopis[j]
arte (f) gráfica	графика	grafika
arte (f) abstrata	абстракционизм	abstraktsionizm
impressionismo (m)	импрессионизм	impressionizm

pintura (f), quadro (m)	сүрөт	syrøt
desenho (m)	сүрөт	syrøt
cartaz, pôster (m)	көрнөк	kørnøk

ilustração (f)	иллюстрация	illustratsija
miniatura (f)	миниатюра	miniatʉra
cópia (f)	көчүрмө	køʧyrmø
reprodução (f)	репродукция	reproduktsija

mosaico (m)	мозаика	mozaika
vitral (m)	витраж	vitradʒ
afresco (m)	фреска	freska
gravura (f)	гравюра	gravʉra

busto (m)	бюст	bʉst
escultura (f)	айкел	ajkel
estátua (f)	айкел	ajkel
gesso (m)	гипс	gips
em gesso (adj)	гипстен	gipsten

retrato (m)	портрет	portret
autorretrato (m)	автопортрет	avtoportret
paisagem (f)	теребел сүрөтү	terebel syrøty
natureza (f) morta	буюмдар сүрөтү	bujʉmdar syrøty
caricatura (f)	карикатура	karikatura
esboço (m)	сомо	somo

tinta (f)	боек	boek
aquarela (f)	акварель	akvarel[j]
tinta (f) a óleo	майбоёк	majbojok
lápis (m)	карандаш	karandaʃ
tinta (f) nanquim	тушь	tuʃ
carvão (m)	көмүр	kømyr

desenhar (vt)	тартуу	tartuu
pintar (vt)	боёк менен тартуу	bojok menen tartuu
posar (vi)	атайын туруу	atajın turuu
modelo (m)	атайын туруучу	atajın turuuʧu

modelo (f)	атайын туруучу	atajın turuutʃu
pintor (m)	сүрөтчү	syrøttʃy
obra (f)	чыгарма	tʃɪgarma
obra-prima (f)	чеберчиликтин чокусу	tʃebertʃiliktin tʃokusu
estúdio (m)	устакана	ustakana
tela (f)	кендир	kendir
cavalete (m)	мольберт	molʲbert
paleta (f)	палитра	palitra
moldura (f)	алкак	alkak
restauração (f)	калыбына келтирүү	kalıbına keltiryy
restaurar (vt)	калыбына келтирүү	kalıbına keltiryy

127. Literatura & Poesia

literatura (f)	адабият	adabijat
autor (m)	автор	avtor
pseudônimo (m)	лакап ат	lakap at
livro (m)	китеп	kitep
volume (m)	том	tom
índice (m)	мазмун	mazmun
página (f)	бет	bet
protagonista (m)	башкы каарман	baʃkı kaarman
autógrafo (m)	кол тамга	kol tamga
conto (m)	окуя	okuja
novela (f)	аңгеме	aŋgeme
romance (m)	роман	roman
obra (f)	дил баян	dil bajan
fábula (m)	тамсил	tamsil
romance (m) policial	детектив	detektiv
verso (m)	ыр сап	ır sap
poesia (f)	поэзия	poezija
poema (m)	поэма	poema
poeta (m)	акын	akın
ficção (f)	сулуулатып жазуу	suluulatıp dʒazuu
ficção (f) científica	билим-жалган аралаш	bilim-dʒalgan aralaʃ
aventuras (f pl)	укмуштуу окуялар	ukmuʃtuu okujalar
literatura (f) didática	билим берүү адабияты	bilim beryy adabijatı
literatura (f) infantil	балдар адабияты	baldar adabijatı

128. Circo

circo (m)	цирк	tsırk
circo (m) ambulante	цирк-шапито	tsırk-ʃapito
programa (m)	программа	programma
apresentação (f)	көрсөтүү	kørsøtyy
número (m)	номер	nomer

picadeiro (f)	арена	arena
pantomima (f)	пантомима	pantomima
palhaço (m)	маскарапоз	maskarapoz

acrobata (m)	акробат	akrobat
acrobacia (f)	акробатика	akrobatika
ginasta (m)	гимнаст	gimnast
ginástica (f)	гимнастика	gimnastika
salto (m) mortal	тоңкочуктап атуу	toŋkoʧuktap atuu

homem (m) forte	атлет	atlet
domador (m)	ыкка көндүрүүчү	ıkka køndyryyʧy
cavaleiro (m) equilibrista	чабандес	ʧabandes
assistente (m)	жардамчы	dʒardamʧı

truque (m)	ыкма	ıkma
truque (m) de mágica	көз боемо	køz boemo
ilusionista (m)	көз боемочу	køz boemoʧu

malabarista (m)	жонглёр	dʒonglior
fazer malabarismos	жонглёрлук кылуу	dʒongliorluk kıluu
adestrador (m)	үйрөтүүчү	yjrøtyyʧy
adestramento (m)	үйрөтүү	yjrøtyy
adestrar (vt)	үйрөтүү	yjrøtyy

129. Música. Música popular

música (f)	музыка	muzıka
músico (m)	музыкант	muzıkant
instrumento (m) musical	музыка аспабы	muzıka aspabı
tocar ...	...да ойноо	...da ojnoo

guitarra (f)	гитара	gitara
violino (m)	скрипка	skripka
violoncelo (m)	виолончель	violonʧeli
contrabaixo (m)	контрабас	kontrabas
harpa (f)	арфа	arfa

piano (m)	пианино	pianino
piano (m) de cauda	рояль	rojali
órgão (m)	орган	organ

instrumentos (m pl) de sopro	үйлө аспаптары	yjlø aspaptarı
oboé (m)	гобой	goboj
saxofone (m)	саксофон	saksofon
clarinete (m)	кларнет	klarnet
flauta (f)	флейта	flejta
trompete (m)	сурнай	surnaj

| acordeão (m) | аккордеон | akkordeon |
| tambor (m) | добулбас | dobulbas |

| dueto (m) | дуэт | duet |
| trio (m) | трио | trio |

quarteto (m)	квартет	kvartet
coro (m)	хор	χor
orquestra (f)	оркестр	orkestr
música (f) pop	поп-музыка	pop-muzıka
música (f) rock	рок-музыка	rok-muzıka
grupo (m) de rock	рок-группа	rok-gruppa
jazz (m)	джаз	dʒaz
ídolo (m)	аздек	azdek
fã, admirador (m)	күйөрман	kyjørman
concerto (m)	концерт	kontsert
sinfonia (f)	симфония	simfonija
composição (f)	чыгарма	tʃıgarma
compor (vt)	чыгаруу	tʃıgaruu
canto (m)	ырдоо	ırdoo
canção (f)	ыр	ır
melodia (f)	обон	obon
ritmo (m)	ыргак	ırgak
blues (m)	блюз	blʉz
notas (f pl)	ноталар	notalar
batuta (f)	таякча	tajaktʃa
arco (m)	кылдуу таякча	kılduu tajaktʃa
corda (f)	кыл	kıl
estojo (m)	куту	kutu

Descanso. Entretenimento. Viagens

130. Viagens

turismo (m)	туризм	turizm
turista (m)	турист	turist
viagem (f)	саякат	sajakat
aventura (f)	укмуштуу окуя	ukmuʃtuu okuja
percurso (curta viagem)	сапар	sapar
férias (f pl)	дем алыш	dem alıʃ
estar de férias	дем алышка чыгуу	dem alıʃka tʃıguu
descanso (m)	эс алуу	es aluu
trem (m)	поезд	poezd
de trem (chegar ~)	поезд менен	poezd menen
avião (m)	учак	utʃak
de avião	учакта	utʃakta
de carro	автомобилде	avtomobilde
de navio	кемеде	kemede
bagagem (f)	жүк	dʒyk
mala (f)	чемодан	tʃemodan
carrinho (m)	араба	araba
passaporte (m)	паспорт	pasport
visto (m)	виза	viza
passagem (f)	билет	bilet
passagem (f) aérea	авиабилет	aviabilet
guia (m) de viagem	жол көрсөткүч	dʒol kørsøtkytʃ
mapa (m)	карта	karta
área (f)	жай	dʒaj
lugar (m)	жер	dʒer
exotismo (m)	экзотика	ekzotika
exótico (adj)	экзотикалуу	ekzotikaluu
surpreendente (adj)	ажайып	adʒajıp
grupo (m)	топ	top
excursão (f)	экскурсия	ekskursija
guia (m)	экскурсия жетекчиси	ekskursija dʒetektʃisi

131. Hotel

hotel (m), hospedaria (f)	мейманкана	mejmankana
motel (m)	мотель	motelʲ
três estrelas	үч жылдыздуу	ytʃ dʒıldızduu

cinco estrelas	беш жылдыздуу	beʃ dʒıldızduu
ficar (vi, vt)	токтоо	toktoo
quarto (m)	номер	nomer
quarto (m) individual	бир орундуу	bir orunduu
quarto (m) duplo	эки орундуу	eki orunduu
reservar um quarto	номерди камдык буйрутмалоо	nomerdi kamdık bujrutmaloo
meia pensão (f)	жарым пансион	dʒarım pansion
pensão (f) completa	толук пансион	toluk pansion
com banheira	ваннасы менен	vannası menen
com chuveiro	душ менен	duʃ menen
televisão (m) por satélite	спутник	sputnik
ar (m) condicionado	аба желдеткич	aba dʒeldetkitʃ
toalha (f)	сүлгү	sylgy
chave (f)	ачкыч	atʃkıtʃ
administrador (m)	администратор	administrator
camareira (f)	үй кызматкери	yj kızmatkeri
bagageiro (m)	жүк ташуучу	dʒyk taʃuutʃu
porteiro (m)	эшик ачуучу	eʃik atʃuutʃu
restaurante (m)	ресторан	restoran
bar (m)	бар	bar
café (m) da manhã	таңкы тамак	taŋkı tamak
jantar (m)	кечки тамак	ketʃki tamak
bufê (m)	шведче стол	ʃvedtʃe stol
saguão (m)	вестибюль	vestibulʲ
elevador (m)	лифт	lift
NÃO PERTURBE	ТЫНЧЫБЫЗДЫ АЛБАГЫЛА!	tıntʃıbızdı albagıla!
PROIBIDO FUMAR!	ТАМЕКИ ЧЕГҮҮГѲ БОЛБОЙТ!	tameki tʃegyygø bolbojt!

132. Livros. Leitura

livro (m)	китеп	kitep
autor (m)	автор	avtor
escritor (m)	жазуучу	dʒazuutʃu
escrever (~ um livro)	жазуу	dʒazuu
leitor (m)	окурман	okurman
ler (vt)	окуу	okuu
leitura (f)	окуу	okuu
para si	үн чыгарбай	yn tʃıgarbaj
em voz alta	үн чыгарып	yn tʃıgarıp
publicar (vt)	басып чыгаруу	basıp tʃıgaruu
publicação (f)	басып чыгаруу	basıp tʃıgaruu

| editor (m) | басып чыгаруучу | basıp ʧıgaruuʧu |
| editora (f) | басмакана | basmakana |

sair (vi)	жарык көрүү	dʒarık køryy
lançamento (m)	чыгуу	ʧıguu
tiragem (f)	нуска	nuska

| livraria (f) | китеп дүкөнү | kitep dykøny |
| biblioteca (f) | китепкана | kitepkana |

novela (f)	аңгеме	aŋgeme
conto (m)	окуя	okuja
romance (m)	роман	roman
romance (m) policial	детектив	detektiv

memórias (f pl)	эсте калгандары	este kalgandarı
lenda (f)	уламыш	ulamıʃ
mito (m)	миф	mif

poesia (f)	ыр	ır
autobiografia (f)	автобиография	avtobiografija
obras (f pl) escolhidas	тандалма	tandalma
ficção (f) científica	билим-жалган аралаш	bilim-dʒalgan aralaʃ

título (m)	аталышы	atalıʃı
introdução (f)	кириш сөз	kiriʃ søz
folha (f) de rosto	наам барагы	naam baragı

capítulo (m)	бөлум	bølum
excerto (m)	үзүндү	yzyndy
episódio (m)	эпизод	epizod

enredo (m)	сюжет	suʤet
conteúdo (m)	мазмун	mazmun
índice (m)	мазмун	mazmun
protagonista (m)	башкы каарман	baʃkı kaarman

volume (m)	том	tom
capa (f)	мукаба	mukaba
encadernação (f)	мукабалоо	mukabaloo
marcador (m) de página	чөп кат	ʧøp kat

página (f)	бет	bet
folhear (vt)	барактоо	baraktoo
margem (f)	талаа	talaa
anotação (f)	белги	belgi
nota (f) de rodapé	эскертүү	eskertyy

texto (m)	текст	tekst
fonte (f)	шрифт	ʃrift
falha (f) de impressão	ката	kata

tradução (f)	котормо	kotormo
traduzir (vt)	которуу	kotoruu
original (m)	түпнуска	typnuska
famoso (adj)	атактуу	ataktuu

desconhecido (adj)	белгисиз	belgisiz
interessante (adj)	кызыктуу	kızıktuu
best-seller (m)	талашып сатып алынган	talaʃıp satıp alıngan

dicionário (m)	сөздүк	søzdyk
livro (m) didático	китеп	kitep
enciclopédia (f)	энциклопедия	entsiklopedija

133. Caça. Pesca

caça (f)	аңчылык	aŋʧılık
caçar (vi)	аңчылык кылуу	aŋʧılık kıluu
caçador (m)	аңчы	aŋʧı

disparar, atirar (vi)	атуу	atuu
rifle (m)	мылтык	mıltık
cartucho (m)	ок	ok
chumbo (m) de caça	чачма	ʧaʧma

armadilha (f)	капкан	kapkan
armadilha (com corda)	тузак	tuzak
cair na armadilha	капканга түшүү	kapkanga tyʃyy
pôr a armadilha	капкан коюу	kapkan kojuu

caçador (m) furtivo	браконьер	brakonjer
caça (animais)	илбээсин	ilbeesin
cão (m) de caça	тайган	tajgan
safári (m)	сафари	safari
animal (m) empalhado	кеп	kep
pescador (m)	балыкчы	balıkʧı
pesca (f)	балык улоо	balık uloo
pescar (vt)	балык улоо	balık uloo

vara (f) de pesca	кайырмак	kajırmak
linha (f) de pesca	кайырмак жиби	kajırmak dʒibi
anzol (m)	илгич	ilgiʧ
boia (f), flutuador (m)	калкыма	kalkıma
isca (f)	жем	dʒem

lançar a linha	кайырмак таштоо	kajırmak taʃtoo
morder (peixe)	чокулоо	ʧokuloo
pesca (f)	кармалган балык	karmalgan balık
buraco (m) no gelo	муздагы оюк	muzdagı ojuk

rede (f)	тор	tor
barco (m)	кайык	kajık
pescar com rede	тор менен кармоо	tor menen karmoo
lançar a rede	тор таштоо	tor taʃtoo
puxar a rede	торду чыгаруу	tordu ʧıgaruu
cair na rede	торго түшүү	torgo tyʃyy

baleeiro (m)	кит уулоочу	kit uulooʧu
baleeira (f)	кит уулоочу кеме	kit uulooʧu keme
arpão (m)	гарпун	garpun

134. Jogos. Bilhar

bilhar (m)	бильярд	biljard
sala (f) de bilhar	бильярдкана	biljardkana
bola (f) de bilhar	бильярд шары	biljard ʃarı
embolsar uma bola	шарды киргизүү	ʃardı kirgizyy
taco (m)	кий	kij
caçapa (f)	луза	luza

135. Jogos. Jogar cartas

ouros (m pl)	момун	momun
espadas (f pl)	карга	karga
copas (f pl)	кызыл ача	kızıl atʃa
paus (m pl)	чырым	tʃırım
ás (m)	туз	tuz
rei (m)	король	korolʲ
dama (f), rainha (f)	матке	matke
valete (m)	балта	balta
carta (f) de jogar	оюн картасы	ojɯn kartası
cartas (f pl)	карталар	kartalar
trunfo (m)	көзүр	køzyr
baralho (m)	колода	koloda
ponto (m)	очко	otʃko
dar, distribuir (vt)	таратуу	taratuu
embaralhar (vt)	аралаштыруу	aralaʃtıruu
vez, jogada (f)	жүрүү	dʒyryy
trapaceiro (m)	шумпай	ʃumpaj

136. Descanso. Jogos. Diversos

passear (vi)	сейилдөө	sejildøø
passeio (m)	жөө сейилдөө	dʒøø sejildøø
viagem (f) de carro	саякат	sajakat
aventura (f)	укмуштуу окуя	ukmuʃtuu okuja
piquenique (m)	пикник	piknik
jogo (m)	оюн	ojɯn
jogador (m)	оюнчу	ojɯntʃu
partida (f)	партия	partija
colecionador (m)	жыйнакчы	dʒıjnaktʃı
colecionar (vt)	жыйноо	dʒıjnoo
coleção (f)	жыйнак	dʒıjnak
palavras (f pl) cruzadas	кроссворд	krossvord
hipódromo (m)	ат майданы	at majdanı

discoteca (f)	дискотека	diskoteka
sauna (f)	сауна	sauna
loteria (f)	лотерея	lotereja

campismo (m)	жөө сапар	dʒøø sapar
acampamento (m)	лагерь	lagerʲ
barraca (f)	чатыр	tʃatır
bússola (f)	компас	kompas
campista (m)	турист	turist

ver (vt), assistir à …	көрүү	køryy
telespectador (m)	телекөрүүчү	telekøryytʃy
programa (m) de TV	теле көрсөтүү	tele kørsøtyy

137. Fotografia

máquina (f) fotográfica	фотоаппарат	fotoapparat
foto, fotografia (f)	фото	foto

fotógrafo (m)	сүрөтчү	syrøttʃy
estúdio (m) fotográfico	фотостудия	fotostudija
álbum (m) de fotografias	фотоальбом	fotoalʲbom

lente (f) fotográfica	объектив	obʰjektiv
lente (f) teleobjetiva	телеобъектив	teleobʰjektiv
filtro (m)	фильтр	filʲtr
lente (f)	линза	linza

ótica (f)	оптика	optika
abertura (f)	диафрагма	diafragma
exposição (f)	тушугуу	tuʃuguu
visor (m)	көрүнүш табуучу	kørynyʃ tabuutʃu

câmera (f) digital	санарип камерасы	sanarip kamerası
tripé (m)	үч бут	ytʃ but
flash (m)	жарк этүү	dʒark etyy

fotografar (vt)	сүрөткө тартуу	syrøtkø tartuu
tirar fotos	тартуу	tartuu
fotografar-se (vr)	сүрөткө түшүү	syrøtkø tyʃyy

foco (m)	фокус	fokus
focar (vt)	фокусту оңдоо	fokustu oŋdoo
nítido (adj)	фокуста	fokusta
nitidez (f)	даанАлык	daanalık

contraste (m)	контраст	kontrast
contrastante (adj)	контрасттагы	kontrasttagı

retrato (m)	сүрөт	syrøt
negativo (m)	негатив	negativ
filme (m)	фотоплёнка	fotoplʲonka
fotograma (m)	кадр	kadr
imprimir (vt)	басып чыгаруу	basıp tʃıgaruu

138. Praia. Natação

praia (f)	суу жээги	suu dʒeegi
areia (f)	кум	kum
deserto (adj)	ээн суу жээги	een suu dʒeegi
bronzeado (m)	күнгө күйүү	kyngø kyjyy
bronzear-se (vr)	күнгө кактануу	kyngø kaktanuu
bronzeado (adj)	күнгө күйгөн	kyngø kyjgøn
protetor (m) solar	күнгө күйүш үчүн крем	kyngø kyjyʃ ytʃyn krem
biquíni (m)	бикини	bikini
maiô (m)	купальник	kupalʲnik
calção (m) de banho	плавки	plavki
piscina (f)	бассейн	bassejn
nadar (vi)	сүзүү	syzyy
chuveiro (m), ducha (f)	душ	duʃ
mudar, trocar (vt)	кийим алмаштыруу	kijim almaʃtıruu
toalha (f)	сүлгү	sylgy
barco (m)	кайык	kajık
lancha (f)	катер	kater
esqui (m) aquático	суу чаңгысы	suu tʃaŋgısı
barco (m) de pedais	суу велосипеди	suu velosipedi
surf, surfe (m)	тактай тебүү	taktaj tebyy
surfista (m)	тактай тебүүчү	taktaj tebyytʃy
equipamento (m) de mergulho	акваланг	akvalang
pé (m pl) de pato	ласты	lastı
máscara (f)	маска	maska
mergulhador (m)	сууга сүңгүү	suuga syŋgyy
mergulhar (vi)	сүңгүү	syŋgyy
debaixo d'água	суу астында	suu astında
guarda-sol (m)	зонт	zont
espreguiçadeira (f)	шезлонг	ʃezlong
óculos (m pl) de sol	көз айнек	køz ajnek
colchão (m) de ar	сүзүү үчүн матрас	syzyy ytʃyn matras
brincar (vi)	ойноо	ojnoo
ir nadar	сууга түшүү	suuga tyʃyy
bola (f) de praia	топ	top
encher (vt)	үйлөө	yjløø
inflável (adj)	үйлөнмө	yjlønmø
onda (f)	толкун	tolkun
boia (f)	буй	buj
afogar-se (vr)	чөгүү	tʃøgyy
salvar (vt)	куткаруу	kutkaruu
colete (m) salva-vidas	куткаруучу күрмө	kutkaruutʃu kyrmø
observar (vt)	байкоо	bajkoo
salva-vidas (pessoa)	куткаруучу	kutkaruutʃu

EQUIPAMENTO TÉCNICO. TRANSPORTES

Equipamento técnico. Transportes

139. Computador

computador (m)	компьютер	kompjuter
computador (m) portátil	ноутбук	noutbuk
ligar (vt)	күйгүзүү	kyjgyzyy
desligar (vt)	өчүрүү	øt͡ʃyryy
teclado (m)	ариптакта	ariptakta
tecla (f)	баскыч	baskɪt͡ʃ
mouse (m)	чычкан	t͡ʃɪt͡ʃkan
tapete (m) para mouse	килемче	kilemt͡ʃe
botão (m)	баскыч	baskɪt͡ʃ
cursor (m)	курсор	kursor
monitor (m)	монитор	monitor
tela (f)	экран	ekran
disco (m) rígido	катуу диск	katuu disk
capacidade (f) do disco rígido	катуу дисктин көлөмү	katuu disktin kølømy
memória (f)	эс тутум	es tutum
memória RAM (f)	оперативдик эс тутум	operativdik es tutum
arquivo (m)	файл	fajl
pasta (f)	папка	papka
abrir (vt)	ачуу	at͡ʃuu
fechar (vt)	жабуу	d͡ʒabuu
salvar (vt)	сактоо	saktoo
deletar (vt)	жок кылуу	d͡ʒok kɪluu
copiar (vt)	көчүрүү	køt͡ʃyryy
ordenar (vt)	иреттөө	irettøø
copiar (vt)	өткөрүү	øtkøryy
programa (m)	программа	programma
software (m)	программалык	programmalık
programador (m)	программист	programmist
programar (vt)	программалаштыруу	programmalaʃtıruu
hacker (m)	хакер	χaker
senha (f)	сырсөз	sırsøz
vírus (m)	вирус	virus
detectar (vt)	издеп табуу	izdep tabuu
byte (m)	байт	bajt

megabyte (m)	мегабайт	megabajt
dados (m pl)	маалыматтар	maalımattar
base (f) de dados	маалымат базасы	maalımat bazası
cabo (m)	кабель	kabelʲ
desconectar (vt)	ажыратуу	adʒıratuu
conectar (vt)	туташтыруу	tutaʃtıruu

140. Internet. E-mail

internet (f)	интернет	internet
browser (m)	браузер	brauzer
motor (m) de busca	издөө аспабы	izdøø aspabı
provedor (m)	провайдер	provajder
webmaster (m)	веб-мастер	web-master
website (m)	веб-сайт	web-sajt
web page (f)	веб-баракча	web-baraktʃa
endereço (m)	дарек	darek
livro (m) de endereços	дарек китепчеси	darek kiteptʃesi
caixa (f) de correio	почта ящиги	potʃta jaʃtʃigi
correio (m)	почта	potʃta
cheia (caixa de correio)	толуп калган	tolup kalgan
mensagem (f)	кабар	kabar
mensagens (f pl) recebidas	келген кабарлар	kelgen kabarlar
mensagens (f pl) enviadas	жөнөтүлгөн кабарлар	dʒønøtylgøn kabarlar
remetente (m)	жөнөтүүчү	dʒønøtyytʃy
enviar (vt)	жөнөтүү	dʒønøtyy
envio (m)	жөнөтүү	dʒønøtyy
destinatário (m)	алуучу	aluutʃu
receber (vt)	алуу	aluu
correspondência (f)	жазышуу	dʒazıʃuu
corresponder-se (vr)	жазышуу	dʒazıʃuu
arquivo (m)	файл	fajl
fazer download, baixar (vt)	жүктөө	dʒyktøø
criar (vt)	жаратуу	dʒaratuu
deletar (vt)	жок кылуу	dʒok kıluu
deletado (adj)	жок кылынган	dʒok kılıngan
conexão (f)	байланыш	bajlanıʃ
velocidade (f)	ылдамдык	ıldamdık
modem (m)	модем	modem
acesso (m)	жеткирилүү	dʒetkirilyy
porta (f)	порт	port
conexão (f)	туташуу	tutaʃuu
conectar (vi)	... туташуу	... tutaʃuu

escolher (vt)	**тандоо**	tandoo
buscar (vt)	**… издее**	… izdøø

Transportes

141. Avião

avião (m)	учак	utʃak
passagem (f) aérea	авиабилет	aviabilet
companhia (f) aérea	авиакомпания	aviakompanija
aeroporto (m)	аэропорт	aeroport
supersônico (adj)	сверхзвуковой	sverχzvukovoj

comandante (m) do avião	кеме командири	keme komandiri
tripulação (f)	экипаж	ekipadʒ
piloto (m)	учкуч	utʃkutʃ
aeromoça (f)	стюардесса	stuardessa
copiloto (m)	штурман	ʃturman

asas (f pl)	канаттар	kanattar
cauda (f)	куйрук	kujruk
cabine (f)	кабина	kabina
motor (m)	кыймылдаткыч	kıjmıldatkıtʃ
trem (m) de pouso	шасси	ʃassi
turbina (f)	турбина	turbina

hélice (f)	пропеллер	propeller
caixa-preta (f)	кара куту	kara kutu
coluna (f) de controle	штурвал	ʃturval
combustível (m)	күйүүчү май	kyjyytʃy may

instruções (f pl) de segurança	коопсуздук көрсөтмөсү	koopsuzduk kørsøtmøsy
máscara (f) de oxigênio	кислород чүмбөтү	kislorod tʃymbøty
uniforme (m)	бир беткей кийим	bir betkey kijim

colete (m) salva-vidas	куткаруучу күрмө	kutkaruutʃu kyrmø
paraquedas (m)	парашют	paraʃut

decolagem (f)	учуп көтөрүлүү	utʃup køtørylyy
descolar (vi)	учуп көтөрүлүү	utʃup køtørylyy
pista (f) de decolagem	учуп чыгуу тилкеси	utʃup tʃıguu tilkesi

visibilidade (f)	көрүнүш	kørynyʃ
voo (m)	учуу	utʃuu

altura (f)	бийиктик	bijiktik
poço (m) de ar	аба чуңкуру	aba tʃyŋkuru

assento (m)	орун	orun
fone (m) de ouvido	кулакчын	kulaktʃın
mesa (f) retrátil	бүктөлмө стол	byktølmø stol
janela (f)	иллюминатор	illuminator
corredor (m)	өтмөк	øtmøk

142. Comboio

trem (m)	поезд	poezd
trem (m) elétrico	электричка	elektritʃka
trem (m)	бат жүргүүчү поезд	bat dʒyryytʃy poezd
locomotiva (f) diesel	тепловоз	teplovoz
locomotiva (f) a vapor	паровоз	parovoz
vagão (f) de passageiros	вагон	vagon
vagão-restaurante (m)	вагон-ресторан	vagon-restoran
carris (m pl)	рельсалар	relʲsalar
estrada (f) de ferro	темир жолу	temir dʒolu
travessa (f)	шпала	ʃpala
plataforma (f)	платформа	platforma
linha (f)	жол	dʒol
semáforo (m)	семафор	semafor
estação (f)	бекет	beket
maquinista (m)	машинист	maʃinist
bagageiro (m)	жук ташуучу	dʒuk taʃuutʃu
hospedeiro, -a (m, f)	проводник	provodnik
passageiro (m)	жүргүнчү	dʒyrgyntʃy
revisor (m)	текшерүүчү	tekʃeryytʃy
corredor (m)	коридор	koridor
freio (m) de emergência	стоп-кран	stop-kran
compartimento (m)	купе	kupe
cama (f)	текче	tektʃe
cama (f) de cima	үстүнкү текче	ystyŋky tektʃe
cama (f) de baixo	ылдыйкы текче	ıldıjkı tektʃe
roupa (f) de cama	жууркан-төшөк	dʒuurkan-tøʃøk
passagem (f)	билет	bilet
horário (m)	ыраттама	ıraattama
painel (m) de informação	табло	tablo
partir (vt)	жөнөө	dʒønøø
partida (f)	жөнөө	dʒønøø
chegar (vi)	келүү	kelyy
chegada (f)	келүү	kelyy
chegar de trem	поезд менен келүү	poezd menen kelyy
pegar o trem	поездге отуруу	poezdge oturuu
descer de trem	поездден түшүү	poezdden tyʃyy
acidente (m) ferroviário	кыйроо	kıjroo
descarrilar (vi)	рельсадан чыгып кетүү	relʲsadan tʃıgıp ketyy
locomotiva (f) a vapor	паровоз	parovoz
foguista (m)	от жагуучу	ot dʒaguutʃu
fornalha (f)	меш	meʃ
carvão (m)	көмүр	kømyr

143. Barco

| navio (m) | кеме | keme |
| embarcação (f) | кеме | keme |

barco (m) a vapor	пароход	paroχod
barco (m) fluvial	теплоход	teploχod
transatlântico (m)	лайнер	lajner
cruzeiro (m)	крейсер	krejser

iate (m)	яхта	jaχta
rebocador (m)	буксир	buksir
barcaça (f)	баржа	bardʒa
ferry (m)	паром	parom

| veleiro (m) | парус | parus |
| bergantim (m) | бригантина | brigantina |

| quebra-gelo (m) | муз жаргыч кеме | muz dʒargɪtʃ keme |
| submarino (m) | суу астында жүрүүчү кеме | suu astında dʒyryytʃy keme |

bote, barco (m)	кайык	kajɪk
baleeira (bote salva-vidas)	шлюпка	ʃlʉpka
bote (m) salva-vidas	куткаруу шлюпкасы	kutkaruu ʃlʉpkası
lancha (f)	катер	kater

capitão (m)	капитан	kapitan
marinheiro (m)	матрос	matros
marujo (m)	деңизчи	deŋiztʃi
tripulação (f)	экипаж	ekipadʒ

contramestre (m)	боцман	botsman
grumete (m)	юнга	jʉnga
cozinheiro (m) de bordo	кок	kok
médico (m) de bordo	кеме доктуру	keme dokturu

convés (m)	палуба	paluba
mastro (m)	мачта	matʃta
vela (f)	парус	parus

porão (m)	трюм	trʉm
proa (f)	тумшук	tumʃuk
popa (f)	кеменин арткы бөлүгү	kemenin artkı bølygy
remo (m)	калак	kalak
hélice (f)	винт	vint

cabine (m)	каюта	kajʉta
sala (f) dos oficiais	кают-компания	kajʉt-kompanija
sala (f) das máquinas	машина бөлүгү	maʃina bølygy
ponte (m) de comando	капитан мостиги	kapitan mostigi
sala (f) de comunicações	радиорубка	radiorubka
onda (f)	толкун	tolkun
diário (m) de bordo	кеме журналы	keme dʒurnalı
luneta (f)	дүрбү	dyrby

sino (m)	коңгуроо	koŋguroo
bandeira (f)	байрак	bajrak
cabo (m)	аркан	arkan
nó (m)	түйүн	tyjyn
corrimão (m)	туткуч	tutkutʃ
prancha (f) de embarque	трап	trap
âncora (f)	кеме казык	keme kazık
recolher a âncora	кеме казыкты көтөрүү	keme kazıktı køtøryy
jogar a âncora	кеме казыкты таштоо	keme kazıktı taʃtoo
amarra (corrente de âncora)	казык чынжыры	kazık tʃındʒırı
porto (m)	порт	port
cais, amarradouro (m)	причал	pritʃal
atracar (vi)	келип токтоо	kelip toktoo
desatracar (vi)	жээктен алыстоо	dʒeekten alıstoo
viagem (f)	саякат	sajakat
cruzeiro (m)	деңиз саякаты	deŋiz sajakatı
rumo (m)	курс	kurs
itinerário (m)	каттам	kattam
canal (m) de navegação	фарватер	farvater
banco (m) de areia	тайыз жер	tajız dʒer
encalhar (vt)	тайыз жерге отуруу	tajız dʒerge oturuu
tempestade (f)	бороон чапкын	boroon tʃapkın
sinal (m)	сигнал	signal
afundar-se (vr)	чөгүү	tʃøgyy
Homem ao mar!	Сууда адам бар!	suuda adam bar!
SOS	SOS	sos
boia (f) salva-vidas	куткаруучу тегерек	kutkaruutʃu tegerek

144. Aeroporto

aeroporto (m)	аэропорт	aeroport
avião (m)	учак	utʃak
companhia (f) aérea	авиакомпания	aviakompanija
controlador (m) de tráfego aéreo	авиадиспетчер	aviadispettʃer
partida (f)	учуп кетүү	utʃup ketyy
chegada (f)	учуп келүү	utʃup kelyy
chegar (vi)	учуп келүү	utʃup kelyy
hora (f) de partida	учуп кетүү убактысы	utʃup ketyy ubaktısı
hora (f) de chegada	учуп келүү убактысы	utʃup kelyy ubaktısı
estar atrasado	кармалуу	karmaluu
atraso (m) de voo	учуп кетүүнүн кечигиши	utʃup ketyynyn ketʃigiʃi
painel (m) de informação	маалымат таблосу	maalımat tablosu
informação (f)	маалымат	maalımat

anunciar (vt)	кулактандыруу	kulaktandıruu
voo (m)	рейс	rejs
alfândega (f)	бажыкана	badʒıkana
funcionário (m) da alfândega	бажы кызматкери	badʒı kızmatkeri
declaração (f) alfandegária	бажы декларациясы	badʒı deklaratsijası
preencher (vt)	толтуруу	tolturuu
preencher a declaração	декларация толтуруу	deklaratsija tolturuu
controle (m) de passaporte	паспорт текшерүү	pasport tekʃeryy
bagagem (f)	жүк	dʒyk
bagagem (f) de mão	кол жүгү	kol dʒygy
carrinho (m)	араба	araba
pouso (m)	конуу	konuu
pista (f) de pouso	конуу тилкеси	konuu tilkesi
aterrissar (vi)	конуу	konuu
escada (f) de avião	трап	trap
check-in (m)	катталуу	kattaluu
balcão (m) do check-in	каттоо стойкасы	kattoo stojkası
fazer o check-in	катталуу	kattaluu
cartão (m) de embarque	отуруу үчүн талон	oturuu ytʃyn talon
portão (m) de embarque	чыгуу	tʃıguu
trânsito (m)	транзит	tranzit
esperar (vi, vt)	күтүү	kytyy
sala (f) de espera	күтүү залы	kutyy zalı
despedir-se (acompanhar)	узатуу	uzatuu
despedir-se (dizer adeus)	коштошуу	koʃtoʃuu

145. Bicicleta. Motocicleta

bicicleta (f)	велосипед	velosiped
lambreta (f)	мотороллер	motoroller
moto (f)	мотоцикл	mototsikl
ir de bicicleta	велосипедде жүрүү	velosipedde dʒyryy
guidão (m)	руль	rulʲ
pedal (m)	педаль	pedalʲ
freios (m pl)	тормоз	tormoz
banco, selim (m)	отургуч	oturgutʃ
bomba (f)	соркыскыч	sorkıskıtʃ
bagageiro (m) de teto	багажник	bagadʒnik
lanterna (f)	фонарь	fonarʲ
capacete (m)	шлем	ʃlem
roda (f)	дөңгөлөк	døŋgøløk
para-choque (m)	калкан	kalkan
aro (m)	дөңгөлөктүн алкагы	døŋgøløktyn alkagı
raio (m)	чабак	tʃabak

Carros

146. Tipos de carros

| carro, automóvel (m) | автоунаа | avtounaa |
| carro (m) esportivo | спорттук автоунаа | sporttuk avtounaa |

limusine (f)	лимузин	limuzin
todo o terreno (m)	жолтандабас	dʒoltandabas
conversível (m)	кабриолет	kabriolet
minibus (m)	микроавтобус	mikroavtobus

| ambulância (f) | тез жардам | tez dʒardam |
| limpa-neve (m) | кар күрөөчү машина | kar kyrøøtʃy maʃina |

caminhão (m)	жүк ташуучу машина	dʒyk taʃuutʃu maʃina
caminhão-tanque (m)	бензовоз	benzovoz
perua, van (f)	фургон	furgon
caminhão-trator (m)	тягач	tʲagatʃ
reboque (m)	чиркегич	tʃirkegitʃ

| confortável (adj) | жайлуу | dʒajluu |
| usado (adj) | колдонулган | koldonulgan |

147. Carros. Carroçaria

capô (m)	капот	kapot
para-choque (m)	калкан	kalkan
teto (m)	үстү	ysty

para-brisa (m)	шамалдан тоскон айнек	ʃamaldan toskon ajnek
retrovisor (m)	арткы күзгү	artkı kyzgy
esguicho (m)	айнек жуугуч	ajnek dʒuugutʃ
limpadores (m) de para-brisas	щётка	ʃtʃʲotka

vidro (m) lateral	каптал айнек	kaptal ajnek
elevador (m) do vidro	айнек көтөргүч	ajnek køtørgytʃ
antena (f)	антенна	antenna
teto (m) solar	люк	lʉk

para-choque (m)	бампер	bamper
porta-malas (f)	жүк салгыч	dʒyk salgıtʃ
bagageira (f)	жүк салгыч	dʒyk salgıtʃ
porta (f)	эшик	eʃik
maçaneta (f)	кармагыч	karmagıtʃ
fechadura (f)	кулпу	kulpu
placa (f)	номер	nomer
silenciador (m)	глушитель	gluʃitelʲ

tanque (m) de gasolina	бензобак	benzobak
tubo (m) de exaustão	калдыктар түтүгү	kaldıktar tytygy
acelerador (m)	газ	gaz
pedal (m)	педаль	pedalı
pedal (m) do acelerador	газ педали	gaz pedali
freio (m)	тормоз	tormoz
pedal (m) do freio	тормоздун педалы	tormozdun pedalı
frear (vt)	тормоз басуу	tormoz basuu
freio (m) de mão	токтомо тормозу	toktomo tormozu
embreagem (f)	илиштирүү	iliʃtiryy
pedal (m) da embreagem	илиштирүү педали	iliʃtiryy pedali
disco (m) de embreagem	илиштирүү диски	iliʃtiryy diski
amortecedor (m)	амортизатор	amortizator
roda (f)	дөңгөлөк	døŋgøløk
pneu (m) estepe	запас дөңгөлөгү	zapas døŋgøløgy
pneu (m)	покрышка	pokrıʃka
calota (f)	жапкыч	dʒapkıtʃ
rodas (f pl) motrizes	салма дөңгөлөктөр	salma døŋgøløktør
de tração dianteira	алдыңкы дөңгөлөк салмалуу	aldıŋkı døŋgøløk salmaluu
de tração traseira	арткы дөңгөлөк салмалуу	artkı døŋgøløk salmaluu
de tração às 4 rodas	бардык дөңгөлөк салмалуу	bardık døŋgøløk salmaluu
caixa (f) de mudanças	бергилик куту	bergilik kutu
automático (adj)	автоматтык	avtomattık
mecânico (adj)	механикалуу	meχanikaluu
alavanca (f) de câmbio	бергилик кутунун жылышуусу	bergilik kutunun dʒılıʃuusu
farol (m)	фара	fara
faróis (m pl)	фаралар	faralar
farol (m) baixo	жакынкы чырак	dʒakınkı tʃırak
farol (m) alto	алыскы чырак	alıskı tʃırak
luzes (f pl) de parada	стоп-сигнал	stop-signal
luzes (f pl) de posição	габарит чырактары	gabarit tʃıraktarı
luzes (f pl) de emergência	авария чырактары	avarija tʃıraktarı
faróis (m pl) de neblina	туманга каршы чырактар	tumanga karʃı tʃıraktar
pisca-pisca (m)	бурулуш чырагы	buruluʃ tʃıragı
luz (f) de marcha ré	арткы чырак	artkı tʃırak

148. Carros. Habitáculo

interior (do carro)	салон	salon
de couro	тери	teri
de veludo	велюр	velʉr
estofamento (m)	каптоо	kaptoo

indicador (m)	алет	alet
painel (m)	алет панели	alet paneli
velocímetro (m)	спидометр	spidometr
ponteiro (m)	жебе	dʒebe

hodômetro, odômetro (m)	эсептегич	eseptegitʃ
indicador (m)	көрсөткүч	kørsøtkytʃ
nível (m)	деңгээл	deŋgeel
luz (f) de aviso	көрсөткүч	kørsøtkytʃ

volante (m)	руль	rulʲ
buzina (f)	сигнал	signal
botão (m)	баскыч	baskɪtʃ
interruptor (m)	которгуч	kotorgutʃ

assento (m)	орун	orun
costas (f pl) do assento	жөлөнгүч	dʒøløngytʃ
cabeceira (f)	баш жөлөгүч	baʃ dʒøløgytʃ
cinto (m) de segurança	орундук куру	orunduk kuru
apertar o cinto	курду тагынуу	kurdu tagɪnuu
ajuste (m)	жөндөө	dʒøndøø

airbag (m)	аба жаздыкчасы	aba dʒazdɪktʃası
ar (m) condicionado	аба желдеткич	aba dʒeldetkitʃ

rádio (m)	үналгы	ynalgɪ
leitor (m) de CD	CD-ойноткуч	sidi-ojnotkutʃ
ligar (vt)	жүргүзүү	dʒyrgyzyy
antena (f)	антенна	antenna
porta-luvas (m)	колкап бөлүмү	kolkap bølymy
cinzeiro (m)	күл салгыч	kyl salgɪtʃ

149. Carros. Motor

motor (m)	кыймылдаткыч	kɪjmɪldatkɪtʃ
motor (m)	мотор	motor
a diesel	дизель менен	dizelʲ menen
a gasolina	бензин менен	benzin menen

cilindrada (f)	кыймылдаткычтын көлөмү	kɪjmɪldatkɪtʃtɪn kølømy
potência (f)	кубатуулугу	kubatuulugu
cavalo (m) de potência	ат күчү	at kytʃy
pistão (m)	бишкек	biʃkek
cilindro (m)	цилиндр	tsɪlindr
válvula (f)	сарпкапкак	sarpkapkak

injetor (m)	бүрккүч	byrkkytʃ
gerador (m)	генератор	generator
carburador (m)	карбюратор	karbʉrator
óleo (m) de motor	мотор майы	motor majɪ

radiador (m)	радиатор	radiator
líquido (m) de arrefecimento	суутуучу суюктук	suutuutʃu sujʉktuk

ventilador (m)	желдеткич	dʒeldetkitʃ
bateria (f)	аккумулятор	akkumulʲator
dispositivo (m) de arranque	стартер	starter
ignição (f)	от алдыруу	ot aldıruu
vela (f) de ignição	от алдыруу шамы	ot aldıruu ʃamı
terminal (m)	клемма	klemma
terminal (m) positivo	плюс	plʉs
terminal (m) negativo	минус	minus
fusível (m)	эриме сактагыч	erime saktagıtʃ
filtro (m) de ar	аба чыпкасы	aba tʃıpkası
filtro (m) de óleo	май чыпкасы	maj tʃıpkası
filtro (m) de combustível	күйгүчү май чыпкасы	kyjyytʃy may tʃıpkası

150. Carros. Batidas. Reparação

acidente (m) de carro	авто урунушу	avto urunuʃu
acidente (m) rodoviário	жол кырсыгы	dʒol kırsıgı
bater (~ num muro)	урунуу	urunuu
sofrer um acidente	талкалануу	talkalanuu
dano (m)	бузулуу	buzuluu
intato	бүтүн	bytyn
pane (f)	бузулуу	buzuluu
avariar (vi)	бузулуп калуу	buzulup kaluu
cabo (m) de reboque	сүйрөө арканы	syjrøø arkanı
furo (m)	тешилип калуу	teʃilip kaluu
estar furado	желин чыгаруу	dʒelin tʃıgaruu
encher (vt)	үйлөтүү	yjløtyy
pressão (f)	басым	basım
verificar (vt)	текшерүү	tekʃeryy
reparo (m)	оңдоо	oŋdoo
oficina (f) automotiva	автосервис	avtoservis
peça (f) de reposição	белен тетик	belen tetik
peça (f)	тетик	tetik
parafuso (com porca)	буроо	buroo
parafuso (m)	буралма	buralma
porca (f)	бурама	burama
arruela (f)	эбелек	ebelek
rolamento (m)	мунакжаздам	munakdʒazdam
tubo (m)	түтүк	tytyk
junta, gaxeta (f)	төшөм	tøʃøm
fio, cabo (m)	зым	zım
macaco (m)	домкрат	domkrat
chave (f) de boca	гайка ачкычы	gajka atʃkıtʃı
martelo (m)	балка	balka
bomba (f)	соркыскыч	sorkıskıtʃ
chave (f) de fenda	бурагыч	buragıtʃ

extintor (m)	өрт өчүргүч	ørt øtʃyrgytʃ
triângulo (m) de emergência	эскертүү үчбурчтук	eskertyy ytʃburtʃtuk
morrer (motor)	өчүп калуу	øtʃyp kaluu
paragem, "morte" (f)	иштебей калуу	iʃtebej kaluu
estar quebrado	бузулуп калуу	buzulup kaluu
superaquecer-se (vr)	кайнап кетүү	kajnap ketyy
entupir-se (vr)	тыгылуу	tɪgɪluu
congelar-se (vr)	тоңуп калуу	toŋup kaluu
rebentar (vi)	жарылып кетүү	dʒarɪlɪp ketyy
pressão (f)	басым	basɪm
nível (m)	деңгээл	deŋgeel
frouxo (adj)	бош	boʃ
batida (f)	кабырылуу	kabɪrɪluu
ruído (m)	такылдоо	takɪldoo
fissura (f)	жарака	dʒaraka
arranhão (m)	чийилип калуу	tʃijilip kaluu

151. Carros. Estrada

estrada (f)	жол	dʒol
autoestrada (f)	кан жол	kan dʒol
rodovia (f)	шоссе	ʃosse
direção (f)	багыт	bagɪt
distância (f)	аралык	aralɪk
ponte (f)	көпүрө	køpyrø
parque (m) de estacionamento	унаа токтоочу жай	unaa toktootʃu dʒaj
praça (f)	аянт	ajant
nó (m) rodoviário	баштан өйдө өткөн жол	baʃtan øjdø øtkøn dʒol
túnel (m)	тоннель	tonnelʲ
posto (m) de gasolina	май куюучу станция	maj kujʉutʃu stantsija
parque (m) de estacionamento	унаа токтоочу жай	unaa toktootʃu dʒaj
bomba (f) de gasolina	колонка	kolonka
oficina (f) automotiva	автосервис	avtoservis
abastecer (vt)	май куюу	maj kujʉu
combustível (m)	күйүүчү май	kyjyytʃy may
galão (m) de gasolina	канистра	kanistra
asfalto (m)	асфальт	asfalʲt
marcação (f) de estradas	салынган тамга	salɪngan tamga
meio-fio (m)	бордюр	bordʉr
guard-rail (m)	тосмо	tosmo
valeta (f)	арык	arɪk
acostamento (m)	жол чети	dʒol tʃeti
poste (m) de luz	чырак мамы	tʃɪrak mamɪ
dirigir (vt)	айдоо	ajdoo
virar (~ para a direita)	бурулуу	buruluu
dar retorno	артка кайтуу	artka kajtuu

ré (f)	артка айдоо	artka ajdoo
buzinar (vi)	сигнал берүү	signal beryy
buzina (f)	дабыш сигналы	dabıʃ signalı
atolar-se (vr)	тыгылып калуу	tıgılıp kaluu
patinar (na lama)	сүйрөө	syjrøø
desligar (vt)	басаңдатуу	basaŋdatuu
velocidade (f)	ылдамдык	ıldamdık
exceder a velocidade	ылдамдыктан ашуу	ıldamdıktan aʃuu
multar (vt)	айып салуу	ajıp saluu
semáforo (m)	светофор	svetofor
carteira (f) de motorista	айдоочу күбөлүгү	ajdootʃu kybølygy
passagem (f) de nível	кесип өтмө	kesip øtmø
cruzamento (m)	кесилиш	kesiliʃ
faixa (f)	жөө жүрүүчүлөр жолу	dʒøø dʒyryytʃylør dʒolu
curva (f)	бурулуш	buruluʃ
zona (f) de pedestres	жөө жүрүүчүлөр алкагы	dʒøø dʒyryytʃylør alkagı

PESSOAS. EVENTOS

Eventos

152. Férias. Evento

festa (f)	майрам	majram
feriado (m) nacional	улуттук	uluttuk
feriado (m)	майрам күнү	majram kyny
festejar (vt)	майрамдоо	majramdoo
evento (festa, etc.)	окуя	okuja
evento (banquete, etc.)	иш-чара	iʃ-tʃara
banquete (m)	банкет	banket
recepção (f)	кабыл алуу	kabıl aluu
festim (m)	той	toj
aniversário (m)	жылдык	dʒıldık
jubileu (m)	юбилей	jʉbilej
celebrar (vt)	белгилөө	belgiløø
Ano (m) Novo	Жаны жыл	dʒanı dʒıl
Feliz Ano Novo!	Жаны Жылыңар менен!	dʒanı dʒılıŋar menen!
Papai Noel (m)	Аяз ата, Санта Клаус	ajaz ata, santa klaus
Natal (m)	Рождество	rodʒdestvo
Feliz Natal!	Рождество майрамыңыз менен!	rodʒdestvo majramıŋız menen!
árvore (f) de Natal	Жаңы жылдык балаты	dʒaŋı dʒıldık balatı
fogos (m pl) de artifício	салют	salʉt
casamento (m)	үйлөнүү той	yjlønyy toy
noivo (m)	күйөө	kyjøø
noiva (f)	колукту	koluktu
convidar (vt)	чакыруу	tʃakıruu
convite (m)	чакыруу	tʃakıruu
convidado (m)	конок	konok
visitar (vt)	конокко баруу	konokko baruu
receber os convidados	конок тосуу	konok tosuu
presente (m)	белек	belek
oferecer, dar (vt)	белек берүү	belek beryy
receber presentes	белек алуу	belek aluu
buquê (m) de flores	десте	deste
felicitações (f pl)	куттуктоо	kuttuktoo
felicitar (vt)	куттуктоо	kuttuktoo

cartão (m) de parabéns	куттуктоо ачык каты	kuttuktoo atʃık katı
enviar um cartão postal	ачык катты жөнөтүү	atʃık kattı dʒønøtyy
receber um cartão postal	ачык катты алуу	atʃık kattı aluu

brinde (m)	каалоо тилек	kaaloo tilek
oferecer (vt)	ооз тийгизүү	ooz tijgizyy
champanhe (m)	шампан	ʃampan

divertir-se (vr)	көңүл ачуу	køŋyl atʃuu
diversão (f)	көңүлдүүлүк	køŋyldyylyk
alegria (f)	кубаныч	kubanıtʃ

dança (f)	бий	bij
dançar (vi)	бийлөө	bijløø

valsa (f)	вальс	valʲs
tango (m)	танго	tango

153. Funerais. Enterro

cemitério (m)	мүрзө	myrzø
sepultura (f), túmulo (m)	мүрзө	myrzø
cruz (f)	крест	krest
lápide (f)	мүрзө үстүндөгү жазуу	myrzø ystyndøgy dʒazuu
cerca (f)	тосмо	tosmo
capela (f)	кичинекей чиркөө	kitʃinekej tʃirkøø

morte (f)	өлүм	ølym
morrer (vi)	өлүү	ølyy
defunto (m)	маркум	markum
luto (m)	аза	aza

enterrar, sepultar (vt)	көмүү	kømyy
funerária (f)	ырасым бюросу	ırasım bʉrosu
funeral (m)	сөөк узатуу жана көмүү	søøk uzatuu dʒana kømyy
coroa (f) de flores	гүлчамбар	gyltʃambar
caixão (m)	табыт	tabıt
carro (m) funerário	катафалк	katafalk
mortalha (f)	кепин	kepin

procissão (f) funerária	узатуу жүрүшү	uzatuu dʒyryʃy
urna (f) funerária	сөөк күлдүн кутусу	søøk kyldyn kutusu
crematório (m)	крематорий	krematorij

obituário (m), necrologia (f)	некролог	nekrolog
chorar (vi)	ыйлоо	ıjloo
soluçar (vi)	боздоп ыйлоо	bozdop ıjloo

154. Guerra. Soldados

pelotão (m)	взвод	vzvod
companhia (f)	рота	rota

regimento (m)	полк	polk
exército (m)	армия	armija
divisão (f)	дивизия	divizija

esquadrão (m)	отряд	otrʲad
hoste (f)	куралдуу аскер	kuralduu asker

soldado (m)	аскер	asker
oficial (m)	офицер	ofitser

soldado (m) raso	катардагы жоокер	katardagı dʒooker
sargento (m)	сержант	serdʒant
tenente (m)	лейтенант	lejtenant
capitão (m)	капитан	kapitan
major (m)	майор	major
coronel (m)	полковник	polkovnik
general (m)	генерал	general

marujo (m)	деңизчи	deŋiztʃi
capitão (m)	капитан	kapitan
contramestre (m)	боцман	botsman

artilheiro (m)	артиллерист	artillerist
soldado (m) paraquedista	десантник	desantnik
piloto (m)	учкуч	utʃkutʃ
navegador (m)	штурман	ʃturman
mecânico (m)	механик	meχanik

sapador-mineiro (m)	сапёр	sapʲor
paraquedista (m)	парашютист	paraʃutist
explorador (m)	чалгынчы	tʃalgıntʃı
atirador (m) de tocaia	көзатар	køzatar

patrulha (f)	жол-күзөт	dʒol-kyzøt
patrulhar (vt)	жол-күзөткө чыгуу	dʒol-kyzøtkø tʃiguu
sentinela (f)	сакчы	saktʃı

guerreiro (m)	жоокер	dʒooker
patriota (m)	мекенчил	mekentʃil

herói (m)	баатыр	baatır
heroína (f)	баатыр айым	baatır ajım

traidor (m)	чыккынчы	tʃıkkıntʃı
trair (vt)	кыянаттык кылуу	kıjanattık kıluu

desertor (m)	качкын	katʃkın
desertar (vt)	качуу	katʃuu

mercenário (m)	жалданма	dʒaldanma
recruta (m)	жаңы алынган аскер	dʒaŋı alıngan asker
voluntário (m)	ыктыярчы	ıktıjartʃı

morto (m)	өлтүрүлгөн	øltyrylgøn
ferido (m)	жарадар	dʒaradar
prisioneiro (m) de guerra	туткун	tutkun

155. Guerra. Ações militares. Parte 1

guerra (f)	согуш	soguʃ
guerrear (vt)	согушуу	soguʃuu
guerra (f) civil	жарандык согуш	dʒarandık soguʃ
perfidamente	жүзү каралык менен кол салуу	dʒyzy karalık menen kol saluu
declaração (f) de guerra	согушту жарыялоо	soguʃtu dʒarıjaloo
declarar guerra	согуш жарыялоо	soguʃ dʒarıjaloo
agressão (f)	агрессия	agressija
atacar (vt)	кол салуу	kol saluu
invadir (vt)	басып алуу	basıp aluu
invasor (m)	баскынчы	baskıntʃı
conquistador (m)	басып алуучу	basıp aluutʃu
defesa (f)	коргонуу	korgonuu
defender (vt)	коргоо	korgoo
defender-se (vr)	коргонуу	korgonuu
inimigo (m)	душман	duʃman
adversário (m)	каршылаш	karʃılaʃ
inimigo (adj)	душмандын	duʃmandın
estratégia (f)	стратегия	strategija
tática (f)	тактика	taktika
ordem (f)	буйрук	bujruk
comando (m)	команда	komanda
ordenar (vt)	буйрук берүү	bujruk beryy
missão (f)	тапшырма	tapʃırma
secreto (adj)	жашыруун	dʒaʃıruun
batalha (f)	согуш	soguʃ
combate (m)	салгылаш	salgılaʃ
ataque (m)	чабуул	tʃabuul
assalto (m)	чабуул	tʃabuul
assaltar (vt)	чабуул жасоо	tʃabuul dʒasoo
assédio, sítio (m)	тегеректеп курчоо	tegerektep kurtʃoo
ofensiva (f)	чабуул	tʃabuul
tomar à ofensiva	чабуул салуу	tʃabuul saluu
retirada (f)	чегинүү	tʃeginyy
retirar-se (vr)	чегинүү	tʃeginyy
cerco (m)	курчоо	kurtʃoo
cercar (vt)	курчоого алуу	kurtʃoogo aluu
bombardeio (m)	бомба жаадыруу	bomba dʒaadıruu
lançar uma bomba	бомба таштоо	bomba taʃtoo
bombardear (vt)	бомба жаадыруу	bomba dʒaadıruu
explosão (f)	жарылуу	dʒarıluu

tiro (m)	атылуу	atıluu
dar um tiro	атуу	atuu
tiroteio (m)	атуу	atuu

apontar para …	мээлөө	meelөө
apontar (vt)	мээлөө	meelөө
acertar (vt)	тийүү	tijyy

afundar (~ um navio, etc.)	чөктүрүү	tʃөktyryy
brecha (f)	тешик	teʃik
afundar-se (vr)	суу астына кетүү	suu astına ketyy

frente (m)	майдан	majdan
evacuação (f)	эвакуация	evakuatsija
evacuar (vt)	эвакуациялоо	evakuatsijaloo

trincheira (f)	окоп	okop
arame (m) enfarpado	тикендүү зым	tikendyy zım
barreira (f) anti-tanque	тосмо	tosmo
torre (f) de vigia	мунара	munara

hospital (m) militar	госпиталь	gospitalʲ
ferir (vt)	жарадар кылуу	dʒaradar kıluu
ferida (f)	жара	dʒara
ferido (m)	жарадар	dʒaradar
ficar ferido	жаракат алуу	dʒarakat aluu
grave (ferida ~)	оор жаракат	oor dʒarakat

156. Armas

arma (f)	курал	kural
arma (f) de fogo	курал жарак	kural dʒarak
arma (f) branca	атылбас курал	atılbas kural

arma (f) química	химиялык курал	ximijalık kural
nuclear (adj)	ядерлүү	jaderlyy
arma (f) nuclear	ядерлүү курал	jaderlyy kural

bomba (f)	бомба	bomba
bomba (f) atômica	атом бомбасы	atom bombası

pistola (f)	тапанча	tapantʃa
rifle (m)	мылтык	mıltık
semi-automática (f)	автомат	avtomat
metralhadora (f)	пулемёт	pulemʲot

boca (f)	мылтыктын оозу	mıltıktın oozu
cano (m)	ствол	stvol
calibre (m)	калибр	kalibr

gatilho (m)	курок	kurok
mira (f)	кароолго алуу	karoolgo aluu
carregador (m)	магазин	magazin
coronha (f)	кундак	kyndak

| granada (f) de mão | граната | granata |
| explosivo (m) | жарылуучу зат | dʒarıluutʃu zat |

bala (f)	ок	ok
cartucho (m)	патрон	patron
carga (f)	дүрмөк	dyrmøk
munições (f pl)	ок-дары	ok-darı

bombardeiro (m)	бомбалоочу	bombalootʃu
avião (m) de caça	кыйраткыч учак	kıjratkıtʃ utʃak
helicóptero (m)	вертолёт	vertolʲot

canhão (m) antiaéreo	зенитка	zenitka
tanque (m)	танк	tank
canhão (de um tanque)	замбирек	zambirek

artilharia (f)	артиллерия	artillerija
canhão (m)	замбирек	zambirek
fazer a pontaria	мээлее	meeløø

projétil (m)	снаряд	snarʲad
granada (f) de morteiro	мина	mina
morteiro (m)	миномёт	minomʲot
estilhaço (m)	сыныктар	sınıktar

submarino (m)	суу астында жүрүүчү кеме	suu astında dʒyryytʃy keme
torpedo (m)	торпеда	torpeda
míssil (m)	ракета	raketa

carregar (uma arma)	октоо	oktoo
disparar, atirar (vi)	атуу	atuu
apontar para ...	мээлее	meeløø
baioneta (f)	найза	najza

espada (f)	шпага	ʃpaga
sabre (m)	кылыч	kılıtʃ
lança (f)	найза	najza
arco (m)	жаа	dʒaa
flecha (f)	жебе	dʒebe
mosquete (m)	мушкет	muʃket
besta (f)	арбалет	arbalet

157. Povos da antiguidade

primitivo (adj)	алгачкы	algatʃkı
pré-histórico (adj)	тарыхтан илгери	tarıxtan ilgeri
antigo (adj)	байыркы	bajırkı

Idade (f) da Pedra	Таш доору	taʃ dooru
Idade (f) do Bronze	Коло доору	kolo dooru
Era (f) do Gelo	Муз доору	muz dooru
tribo (f)	уруу	uruu
canibal (m)	адам жегич	adam dʒegitʃ

caçador (m)	аңчы	aŋtʃɪ
caçar (vi)	аңчылык кылуу	aŋtʃɪlɪk kɪluu
mamute (m)	мамонт	mamont

caverna (f)	үңкүр	yŋkyr
fogo (m)	от	ot
fogueira (f)	от	ot
pintura (f) rupestre	ташка чегерилген сүрөт	taʃka tʃegerilgen syrøt

ferramenta (f)	эмгек куралы	emgek kuralɪ
lança (f)	найза	najza
machado (m) de pedra	таш балта	taʃ balta
guerrear (vt)	согушуу	soguʃuu
domesticar (vt)	колго көндүрүү	kolgo køndyryy

ídolo (m)	бут	but
adorar, venerar (vt)	сыйынуу	sɪjɪnuu
superstição (f)	жок нерсеге ишенүү	dʒok nersege iʃenyy
ritual (m)	ырым-жырым	ɪrɪm-dʒɪrɪm

evolução (f)	эволюция	evolʉtsija
desenvolvimento (m)	өнүгүү	ønygyy
extinção (f)	жок болуу	dʒok boluu
adaptar-se (vr)	ылайыкташуу	ɪlajɪktaʃuu

arqueologia (f)	археология	arxeologija
arqueólogo (m)	археолог	arxeolog
arqueológico (adj)	археологиялык	arxeologijalɪk

escavação (sítio)	казуу жери	kazuu dʒeri
escavações (f pl)	казуу иштери	kazuu iʃteri
achado (m)	табылга	tabɪlga
fragmento (m)	фрагмент	fragment

158. Idade média

povo (m)	эл	el
povos (m pl)	элдер	elder
tribo (f)	уруу	uruu
tribos (f pl)	уруулар	uruular

bárbaros (pl)	варварлар	varvarlar
galeses (pl)	галлдар	galldar
godos (pl)	готтор	gottor
eslavos (pl)	славяндар	slavʲandar
viquingues (pl)	викингдер	vikingder

romanos (pl)	римдиктер	rimdikter
romano (adj)	римдик	rimdik

bizantinos (pl)	византиялыктар	vizantijalɪktar
Bizâncio	Византия	vizantija
bizantino (adj)	византиялык	vizantijalɪk
imperador (m)	император	imperator

líder (m)	башчы	baʃtʃı
poderoso (adj)	кудуреттүү	kudurettyy
rei (m)	король, падыша	korolʲ, padıʃa
governante (m)	башкаруучу	baʃkaruutʃu
cavaleiro (m)	рыцарь	rıtsarʲ
senhor feudal (m)	феодал	feodal
feudal (adj)	феодалдуу	feodalduu
vassalo (m)	вассал	vassal
duque (m)	герцог	gertsog
conde (m)	граф	graf
barão (m)	барон	baron
bispo (m)	епископ	episkop
armadura (f)	курал жана соот-шайман	kural dʒana soot-ʃajman
escudo (m)	калкан	kalkan
espada (f)	кылыч	kılıtʃ
viseira (f)	туулганын бет калканы	tuulganın bet kalkanı
cota (f) de malha	зоот	zoot
cruzada (f)	крест астындагы черүү	krest astındagı tʃeryy
cruzado (m)	черүүгө чыгуучу	tʃeryygø tʃıguutʃu
território (m)	аймак	ajmak
atacar (vt)	кол салуу	kol saluu
conquistar (vt)	ээ болуу	ee boluu
ocupar, invadir (vt)	басып алуу	basıp aluu
assédio, sítio (m)	тегеректеп курчоо	tegerektep kurtʃoo
sitiado (adj)	курчалган	kurtʃalgan
assediar, sitiar (vt)	курчоого алуу	kurtʃoogo aluu
inquisição (f)	инквизиция	inkvizitsija
inquisidor (m)	инквизитор	inkvizitor
tortura (f)	кыйноо	kıjnoo
cruel (adj)	ырайымсыз	ırajımsız
herege (m)	еретик	eretik
heresia (f)	ересь	eresʲ
navegação (f) marítima	деңизде сүзүү	deŋizde syzyy
pirata (m)	деңиз каракчысы	deŋiz karaktʃısı
pirataria (f)	деңиз каракчылыгы	deŋiz karaktʃılıgı
abordagem (f)	абордаж	abordadʒ
presa (f), butim (m)	олжо	oldʒo
tesouros (m pl)	казына	kazına
descobrimento (m)	ачылыш	atʃılıʃ
descobrir (novas terras)	таап ачуу	taap atʃuu
expedição (f)	экспедиция	ekspeditsija
mosqueteiro (m)	мушкетёр	muʃketʲor
cardeal (m)	кардинал	kardinal
heráldica (f)	геральдика	geralʲdika
heráldico (adj)	гералдык	geraldık

159. Líder. Chefe. Autoridades

rei (m)	король, падыша	koroli, padıʃa
rainha (f)	ханыша	χanıʃa
real (adj)	падышалык	padıʃalık
reino (m)	падышалык	padıʃalık
príncipe (m)	канзаада	kanzaada
princesa (f)	ханбийке	χanbijke
presidente (m)	президент	prezident
vice-presidente (m)	вице-президент	vitse-prezident
senador (m)	сенатор	senator
monarca (m)	монарх	monarχ
governante (m)	башкаруучу	baʃkaruutʃu
ditador (m)	диктатор	diktator
tirano (m)	зулум	zulum
magnata (m)	магнат	magnat
diretor (m)	директор	direktor
chefe (m)	башчы	baʃtʃı
gerente (m)	башкаруучу	baʃkaruutʃu
patrão (m)	шеф	ʃef
dono (m)	кожоюн	kodʒodʒʉn
líder (m)	алдыңкы катардагы	aldıŋkı katardagı
chefe (m)	башчы	baʃtʃı
autoridades (f pl)	бийликтер	bijlikter
superiores (m pl)	башчылар	baʃtʃılar
governador (m)	губернатор	gubernator
cônsul (m)	консул	konsul
diplomata (m)	дипломат	diplomat
Presidente (m) da Câmara	мэр	mer
xerife (m)	шериф	ʃerif
imperador (m)	император	imperator
czar (m)	падыша	padıʃa
faraó (m)	фараон	faraon
cã, khan (m)	хан	χan

160. Violação da lei. Criminosos. Parte 1

bandido (m)	ууру-кески	uuru-keski
crime (m)	кылмыш	kılmıʃ
criminoso (m)	кылмышкер	kılmıʃker
ladrão (m)	ууру	uuru
roubar (vt)	уурдоо	uurdoo
roubo (atividade)	уруулук	uruuluk
furto (m)	уурдоо	uurdoo
raptar, sequestrar (vt)	ала качуу	ala katʃuu

sequestro (m)	ала качуу	ala katʃuu
sequestrador (m)	ала качуучу	ala katʃuutʃu

resgate (m)	кутказуу акчасы	kutkazuu aktʃası
pedir resgate	кутказуу акчага	kutkazuu aktʃaga
	талап коюу	talap kojʉu

roubar (vt)	тоноо	tonoo
assalto, roubo (m)	тоноо	tonoo
assaltante (m)	тоноочу	tonootʃu

extorquir (vt)	опузалоо	opuzaloo
extorsionário (m)	опузалоочу	opuzalootʃu
extorsão (f)	опуза	opuza

matar, assassinar (vt)	өлтүрүү	øltyryy
homicídio (m)	өлтүрүү	øltyryy
homicida, assassino (m)	киши өлтүргүч	kiʃi øltyrgytʃ

tiro (m)	атылуу	atıluu
dar um tiro	атуу	atuu
matar a tiro	атып салуу	atıp saluu
disparar, atirar (vi)	атуу	atuu
tiroteio (m)	атышуу	atıʃuu

incidente (m)	окуя	okuja
briga (~ de rua)	уруш	uruʃ
Socorro!	Жардамга!	dʒardamga!
vítima (f)	жапа чеккен	dʒapa tʃekken

danificar (vt)	зыян келтирүү	zıjan keltiryy
dano (m)	залал	zalal
cadáver (m)	өлүк	ølyk
grave (adj)	оор	oor

atacar (vt)	кол салуу	kol saluu
bater (espancar)	уруу	uruu
espancar (vt)	ур-токмокко алуу	ur-tokmokko aluu
tirar, roubar (dinheiro)	тартып алуу	tartıp aluu
esfaquear (vt)	союп өлтүрүү	sojʉp øltyryy
mutilar (vt)	майып кылуу	majıp kıluu
ferir (vt)	жарадар кылуу	dʒaradar kıluu

chantagem (f)	шантаж кылуу	ʃantadʒ kıluu
chantagear (vt)	шантаждоо	ʃantadʒdoo
chantagista (m)	шантажист	ʃantadʒist

extorsão (f)	рэкет	reket
extorsionário (m)	рэкетир	reketir
gângster (m)	гангстер	gangster
máfia (f)	мафия	mafija

punguista (m)	чөнтөк ууру	tʃøntøk uuru
assaltante, ladrão (m)	бузуп алуучу ууру	buzup aluutʃu uuru
contrabando (m)	контрабанда	kontrabanda
contrabandista (m)	контрабандачы	kontrabandatʃı

falsificação (f)	окшотуп жасоо	okʃotup ʤasoo
falsificar (vt)	жасалмалоо	ʤasalmaloo
falsificado (adj)	жасалма	ʤasalma

161. Violação da lei. Criminosos. Parte 2

estupro (m)	зордуктоо	zorduktoo
estuprar (vt)	зордуктоо	zorduktoo
estuprador (m)	зордукчул	zorduktʃul
maníaco (m)	маньяк	manjak

prostituta (f)	сойку	sojku
prostituição (f)	сойкучулук	sojkutʃuluk
cafetão (m)	жак бакты	ʤak baktı

| drogado (m) | баңги | baŋgi |
| traficante (m) | баңгизат сатуучу | baŋgizat satuutʃu |

explodir (vt)	жардыруу	ʤardıruu
explosão (f)	жарылуу	ʤarıluu
incendiar (vt)	өрттөө	ørttøø
incendiário (m)	өрттөөчү	ørttøøtʃy

terrorismo (m)	терроризм	terrorizm
terrorista (m)	террорист	terrorist
refém (m)	заложник	zaloʤnik

enganar (vt)	алдоо	aldoo
engano (m)	алдамчылык	aldamtʃılık
vigarista (m)	алдамчы	aldamtʃı

subornar (vt)	сатып алуу	satıp aluu
suborno (atividade)	сатып алуу	satıp aluu
suborno (dinheiro)	пара	para

veneno (m)	уу	uu
envenenar (vt)	ууландыруу	uulandıruu
envenenar-se (vr)	ууулануу	uulanuu

| suicídio (m) | жанын кыюу | ʤanın kıʤuu |
| suicida (m) | жанын кыйгыч | ʤanın kıjgıtʃ |

ameaçar (vt)	коркутуу	korkutuu
ameaça (f)	коркунуч	korkunutʃ
atentar contra a vida de ...	кол салуу	kol saluu
atentado (m)	кол салуу	kol saluu

| roubar (um carro) | айдап кетүү | ajdap ketyy |
| sequestrar (um avião) | ала качуу | ala katʃuu |

vingança (f)	кек	kek
vingar (vt)	өч алуу	øtʃ aluu
torturar (vt)	кыйноо	kıjnoo
tortura (f)	кыйноо	kıjnoo

atormentar (vt)	азапка салуу	azapka saluu
pirata (m)	деңиз каракчысы	deŋiz karaktʃısı
desordeiro (m)	бейбаш	bejbaʃ
armado (adj)	куралданган	kuraldangan
violência (f)	зордук	zorduk
ilegal (adj)	мыйзамдан тыш	mıjzamdan tıʃ
espionagem (f)	тыңчылык	tıŋtʃılık
espionar (vi)	тыңчылык кылуу	tıŋtʃılık kıluu

162. Polícia. Lei. Parte 1

justiça (sistema de ≈)	адилеттүү сот	adilettyy sot
tribunal (m)	сот	sot
juiz (m)	сот	sot
jurados (m pl)	сот калыстары	sot kalıstarı
tribunal (m) do júri	калыстар соту	sot
julgar (vt)	сотко тартуу	sotko tartuu
advogado (m)	жактоочу	dʒaktootʃu
réu (m)	сот жообуна тартылган киши	sot dʒoobuna tartılgan kiʃi
banco (m) dos réus	соттуулар отуруучу орун	sottuular oturuutʃu orun
acusação (f)	айыптоо	ajıptoo
acusado (m)	айыпталуучу	ajıptaluutʃu
sentença (f)	өкүм	økym
sentenciar (vt)	өкүм чыгаруу	økym tʃıgaruu
culpado (m)	күнөөкөр	kynøøkør
punir (vt)	жазалоо	dʒazaloo
punição (f)	жаза	dʒaza
multa (f)	айып	ajıp
prisão (f) perpétua	өмүр бою	ømyr bojʉ
pena (f) de morte	өлүм жазасы	ølym dʒazası
cadeira (f) elétrica	электр столу	elektr stolu
forca (f)	дарга	darga
executar (vt)	өлүм жазасын аткаруу	ølym dʒazasın atkaruu
execução (f)	өлүм жазасын аткаруу	ølym dʒazasın atkaruu
prisão (f)	түрмө	tyrmø
cela (f) de prisão	камера	kamera
escolta (f)	конвой	konvoj
guarda (m) prisional	түрмө сакчысы	tyrmø saktʃısı
preso, prisioneiro (m)	камактагы адам	kamaktagı adam
algemas (f pl)	кишен	kiʃen
algemar (vt)	кишен кийгизүү	kiʃen kijgizyy
fuga, evasão (f)	качуу	katʃuu

fugir (vi)	качуу	katʃuu
desaparecer (vi)	жоголуп кетүү	dʒogolup ketyy
soltar, libertar (vt)	бошотуу	boʃotuu
anistia (f)	амнистия	amnistija

polícia (instituição)	полиция	politsija
polícia (m)	полиция кызматкери	politsija kızmatkeri
delegacia (f) de polícia	полиция бөлүмү	politsija bølymy
cassetete (m)	резина союлчасы	rezina sojultʃası
megafone (m)	керней	kernej

carro (m) de patrulha	жол күзөт машинасы	dʒol kyzøt maʃinası
sirene (f)	сирена	sirena
ligar a sirene	сиренаны басуу	sirenanı basuu
toque (m) da sirene	сиренанын боздошу	sirenanın bozdoʃu

cena (f) do crime	кылмыш болгон жер	kılmıʃ bolgon dʒer
testemunha (f)	күбө	kybø
liberdade (f)	эркиндик	erkindik
cúmplice (m)	шерик	ʃerik
escapar (vi)	из жашыруу	iz dʒaʃıruu
traço (não deixar ~s)	из	iz

163. Polícia. Lei. Parte 2

procura (f)	издөө	izdøø
procurar (vt)	... издөө	... izdøø
suspeita (f)	шек	ʃek
suspeito (adj)	шектүү	ʃektyy
parar (veículo, etc.)	токтотуу	toktotuu
deter (fazer parar)	кармоо	karmoo

caso (~ criminal)	иш	iʃ
investigação (f)	териштирүү	teriʃtiryy
detetive (m)	аңдуучу	aŋduutʃu
investigador (m)	тергөөчү	tergøøtʃy
versão (f)	жоромол	dʒoromol

motivo (m)	себеп	sebep
interrogatório (m)	сурак	surak
interrogar (vt)	суракка алуу	surakka aluu
questionar (vt)	сураштыруу	suraʃtıruu
verificação (f)	текшерүү	tekʃeryy

batida (f) policial	тегеректөө	tegerektøø
busca (f)	тинтүү	tintyy
perseguição (f)	куу	kuu
perseguir (vt)	изине түшүү	izine tyʃyy
seguir, rastrear (vt)	изине түшүү	izine tyʃyy

prisão (f)	камак	kamak
prender (vt)	камакка алуу	kamakka aluu
pegar, capturar (vt)	кармоо	karmoo
captura (f)	колго түшүрүү	kolgo tyʃyryy

documento (m)	документ	dokument
prova (f)	далил	dalil
provar (vt)	далилдөө	dalildøø
pegada (f)	из	iz
impressões (f pl) digitais	манжанын изи	mandʒanın izi
prova (f)	далил	dalil
álibi (m)	алиби	alibi
inocente (adj)	бейкүнөө	bejkynøø
injustiça (f)	адилетсиздик	adiletsizdik
injusto (adj)	адилетсиз	adiletsiz
criminal (adj)	кылмыштуу	kılmıʃtuu
confiscar (vt)	тартып алуу	tartıp aluu
droga (f)	баңгизат	baŋgizat
arma (f)	курал	kural
desarmar (vt)	куралсыздандыруу	kuralsızdandıruu
ordenar (vt)	буйрук берүү	bujruk beryy
desaparecer (vi)	жоголуп кетүү	dʒogolup ketyy
lei (f)	мыйзам	mıjzam
legal (adj)	мыйзамдуу	mıjzamduu
ilegal (adj)	мыйзамдан тыш	mıjzamdan tıʃ
responsabilidade (f)	жоопкерчилик	dʒoopkertʃilik
responsável (adj)	жоопкерчиликтүү	dʒoopkertʃiliktyy

NATUREZA

A Terra. Parte 1

164. Espaço sideral

espaço, cosmo (m)	космос	kosmos
espacial, cósmico (adj)	космос	kosmos
espaço (m) cósmico	космос мейкиндиги	kosmos mejkindigi
mundo (m)	дүйнө	dyjnø
universo (m)	аалам	aalam
galáxia (f)	галактика	galaktika
estrela (f)	жылдыз	dʒɪldɪz
constelação (f)	жылдыздар	dʒɪldɪzdar
planeta (m)	планета	planeta
satélite (m)	жолдош	dʒoldoʃ
meteorito (m)	метеорит	meteorit
cometa (m)	комета	kometa
asteroide (m)	астероид	asteroid
órbita (f)	орбита	orbita
girar (vi)	айлануу	ajlanuu
atmosfera (f)	атмосфера	atmosfera
Sol (m)	күн	kyn
Sistema (m) Solar	күн системасы	kyn sisteması
eclipse (m) solar	күндүн тутулушу	kyndyn tutuluʃu
Terra (f)	Жер	dʒer
Lua (f)	Ай	aj
Marte (m)	Марс	mars
Vênus (f)	Венера	venera
Júpiter (m)	Юпитер	jupiter
Saturno (m)	Сатурн	saturn
Mercúrio (m)	Меркурий	merkurij
Urano (m)	Уран	uran
Netuno (m)	Нептун	neptun
Plutão (m)	Плутон	pluton
Via Láctea (f)	Саманчынын жолу	samantʃının dʒolu
Ursa Maior (f)	Чоң Жетиген	tʃoŋ dʒetigen
Estrela Polar (f)	Полярдык Жылдыз	polʲardık dʒɪldɪz
marciano (m)	марсианин	marsianin
extraterrestre (m)	инопланетянин	inoplanetʲanin

| alienígena (m) | келгин | kelgin |
| disco (m) voador | учуучу табак | utʃuutʃu tabak |

espaçonave (f)	космос кемеси	kosmos kemesi
estação (f) orbital	орбитадагы станция	orbitadagı stantsija
lançamento (m)	старт	start

motor (m)	кыймылдаткыч	kıjmıldatkıtʃ
bocal (m)	сопло	soplo
combustível (m)	күйүүчү май	kyjyytʃy may

cabine (f)	кабина	kabina
antena (f)	антенна	antenna
vigia (f)	иллюминатор	illuminator
bateria (f) solar	күн батареясы	kyn batarejası
traje (m) espacial	скафандр	skafandr

| imponderabilidade (f) | салмаксыздык | salmaksızdık |
| oxigênio (m) | кислород | kislorod |

| acoplagem (f) | жалгаштыруу | dʒalgaʃtıruu |
| fazer uma acoplagem | жалгаштыруу | dʒalgaʃtıruu |

observatório (m)	обсерватория	observatorija
telescópio (m)	телескоп	teleskop
observar (vt)	байкоо	bajkoo
explorar (vt)	изилдөө	izildøø

165. A Terra

Terra (f)	Жер	dʒer
globo terrestre (Terra)	жер шары	dʒer ʃarı
planeta (m)	планета	planeta

atmosfera (f)	атмосфера	atmosfera
geografia (f)	география	geografija
natureza (f)	табийгат	tabijgat

globo (mapa esférico)	глобус	globus
mapa (m)	карта	karta
atlas (m)	атлас	atlas

| Europa (f) | Европа | evropa |
| Ásia (f) | Азия | azija |

| África (f) | Африка | afrika |
| Austrália (f) | Австралия | avstralija |

América (f)	Америка	amerika
América (f) do Norte	Северная Америка	severnaja amerika
América (f) do Sul	Южная Америка	judʒnaja amerika

| Antártida (f) | Антарктида | antarktida |
| Ártico (m) | Арктика | arktika |

166. Pontos cardeais

norte (m)	түндүк	tyndyk
para norte	түндүккө	tyndykkø
no norte	түндүктө	tyndyktø
do norte (adj)	түндүк	tyndyk
sul (m)	түштүк	tyʃtyk
para sul	түштүккө	tyʃtykkø
no sul	түштүктө	tyʃtyktø
do sul (adj)	түштүк	tyʃtyk
oeste, ocidente (m)	батыш	batıʃ
para oeste	батышка	batıʃka
no oeste	батышта	batıʃta
ocidental (adj)	батыш	batıʃ
leste, oriente (m)	чыгыш	ʧıgıʃ
para leste	чыгышка	ʧıgıʃka
no leste	чыгышта	ʧıgıʃta
oriental (adj)	чыгыш	ʧıgıʃ

167. Mar. Oceano

mar (m)	деңиз	deŋiz
oceano (m)	мухит	muχit
golfo (m)	булуң	buluŋ
estreito (m)	кысык	kısık
terra (f) firme	жер	dʒer
continente (m)	материк	materik
ilha (f)	арал	aral
península (f)	жарым арал	dʒarım aral
arquipélago (m)	архипелаг	arχipelag
baía (f)	булуң	buluŋ
porto (m)	гавань	gavanʲ
lagoa (f)	лагуна	laguna
cabo (m)	тумшук	tumʃuk
atol (m)	атолл	atoll
recife (m)	риф	rif
coral (m)	маржан	mardʒan
recife (m) de coral	маржан рифи	mardʒan rifi
profundo (adj)	терең	tereŋ
profundidade (f)	тереңдик	tereŋdik
abismo (m)	түбү жок	tyby dʒok
fossa (f) oceânica	ойдуң	ojduŋ
corrente (f)	агым	agım
banhar (vt)	курчап туруу	kurtʃap turuu

litoral (m)	жээк	dʒeek
costa (f)	жээк	dʒeek
maré (f) alta	суунун көтөрүлүшү	suunun køtørylyʃy
refluxo (m)	суунун тартылуусу	suunun tartıluusu
restinga (f)	тайыздык	tajızdık
fundo (m)	суунун түбү	suunun tyby
onda (f)	толкун	tolkun
crista (f) da onda	толкундун кыры	tolkundun kırı
espuma (f)	көбүк	købyk
tempestade (f)	бороон чапкын	boroon ʧapkın
furacão (m)	бороон	boroon
tsunami (m)	цунами	tsunami
calmaria (f)	штиль	ʃtilʲ
calmo (adj)	тынч	tınʧ
polo (m)	уюл	ujʉl
polar (adj)	полярдык	polʲardık
latitude (f)	кеңдик	keŋdik
longitude (f)	узундук	uzunduk
paralela (f)	параллель	parallelʲ
equador (m)	экватор	ekvator
céu (m)	асман	asman
horizonte (m)	горизонт	gorizont
ar (m)	аба	aba
farol (m)	маяк	majak
mergulhar (vi)	сүңгүү	syŋgyy
afundar-se (vr)	чөгүп кетүү	ʧøgyp ketyy
tesouros (m pl)	казына	kazına

168. Montanhas

montanha (f)	тоо	too
cordilheira (f)	тоо тизмеги	too tizmegi
serra (f)	тоо кыркалары	too kırkaları
cume (m)	чоку	ʧoku
pico (m)	чоку	ʧoku
pé (m)	тоо этеги	too etegi
declive (m)	эңкейиш	eŋkejiʃ
vulcão (m)	вулкан	vulkan
vulcão (m) ativo	күйүп жаткан	kyjyp dʒatkan
vulcão (m) extinto	өчүп калган вулкан	øʧyp kalgan vulkan
erupção (f)	атырылып чыгуу	atırılıp ʧıguu
cratera (f)	кратер	krater
magma (m)	магма	magma
lava (f)	лава	lava

fundido (lava ~a)	кызыган	kızıgan
cânion, desfiladeiro (m)	каньон	kanʲon
garganta (f)	капчыгай	kaptʃıgaj
fenda (f)	жарака	dʒaraka
precipício (m)	жар	dʒar
passo, colo (m)	ашуу	aʃuu
planalto (m)	дөңсөө	døŋsøø
falésia (f)	зоока	zooka
colina (f)	дөбө	døbø
geleira (f)	муз	muz
cachoeira (f)	шаркыратма	ʃarkıratma
gêiser (m)	гейзер	gejzer
lago (m)	көл	køl
planície (f)	түздүк	tyzdyk
paisagem (f)	теребел	terebel
eco (m)	жаңырык	dʒaŋırık
alpinista (m)	альпинист	alʲpinist
escalador (m)	скалолаз	skalolaz
conquistar (vt)	багындыруу	bagındıruu
subida, escalada (f)	тоонун чокусуна чыгуу	toonun tʃokusuna tʃıguu

169. Rios

rio (m)	дарыя	darıja
fonte, nascente (f)	булак	bulak
leito (m) de rio	сай	saj
bacia (f)	бассейн	bassejn
desaguar no ...	... куюу	... kujʉu
afluente (m)	куйма	kujma
margem (do rio)	жээк	dʒeek
corrente (f)	агым	agım
rio abaixo	агым боюнча	agım bojʉntʃa
rio acima	агымга каршы	agımga karʃı
inundação (f)	ташкын	taʃkın
cheia (f)	суу ташкыны	suu taʃkını
transbordar (vi)	дайранын ташышы	dajranın taʃıʃı
inundar (vt)	суу каптоо	suu kaptoo
banco (m) de areia	тайыздык	tajızdık
corredeira (f)	босого	bosogo
barragem (f)	тогоон	togoon
canal (m)	канал	kanal
reservatório (m) de água	суу сактагыч	suu saktagıtʃ
eclusa (f)	шлюз	ʃlʉz
corpo (m) de água	көлмө	kølmø
pântano (m)	саз	saz

lamaçal (m)	баткак	batkak
redemoinho (m)	айлампа	ajlampa
riacho (m)	суу	suu
potável (adj)	ичилчү суу	itʃiltʃy suu
doce (água)	тузсуз	tuzsuz
gelo (m)	муз	muz
congelar-se (vr)	тоңуп калуу	toŋup kaluu

170. Floresta

floresta (f), bosque (m)	токой	tokoj
florestal (adj)	токойлуу	tokojluu
mata (f) fechada	чытырман токой	tʃitirman tokoj
arvoredo (m)	токойчо	tokojtʃo
clareira (f)	аянт	ajant
matagal (m)	бадал	badal
mato (m), caatinga (f)	бадал	badal
pequena trilha (f)	чыйыр жол	tʃijir dʒol
ravina (f)	жар	dʒar
árvore (f)	дарак	darak
folha (f)	жалбырак	dʒalbɯrak
folhagem (f)	жалбырак	dʒalbɯrak
queda (f) das folhas	жалбырак түшүү мезгили	dʒalbɯrak tyʃyy mezgili
cair (vi)	түшүү	tyʃyy
topo (m)	чоку	tʃoku
ramo (m)	бутак	butak
galho (m)	бутак	butak
botão (m)	бүчүр	bytʃyr
agulha (f)	ийне	ijne
pinha (f)	тобурчак	toburtʃak
buraco (m) de árvore	көңдөй	køŋdøj
ninho (m)	уя	uja
toca (f)	ийин	ijin
tronco (m)	сөңгөк	søŋgøk
raiz (f)	тамыр	tamɯr
casca (f) de árvore	кыртыш	kɯrtɯʃ
musgo (m)	мох	moχ
arrancar pela raiz	дүмүрүн казуу	dymyryn kazuu
cortar (vt)	кыюу	kɯjɥu
desflorestar (vt)	токойду кыюу	tokojdu kɯjɥu
toco, cepo (m)	дүмүр	dymyr
fogueira (f)	от	ot
incêndio (m) florestal	өрт	ørt

apagar (vt)	өчүрүү	øtʃyryy
guarda-parque (m)	токойчу	tokojtʃu
proteção (f)	өсүмдүктөрдү коргоо	øsymdyktørdy korgoo
proteger (a natureza)	сактоо	saktoo
caçador (m) furtivo	браконьер	brakonjer
armadilha (f)	капкан	kapkan

colher (cogumelos)	терүү	teryy
colher (bagas)	терүү	teryy
perder-se (vr)	адашып кетүү	adaʃɩp ketyy

171. Recursos naturais

recursos (m pl) naturais	жаратылыш байлыктары	dʒaratɩlɩʃ bajlɩktarɩ
minerais (m pl)	пайдалуу кендер	pajdaluu kender
depósitos (m pl)	кен	ken
jazida (f)	кендүү жер	kendyy dʒer

extrair (vt)	казуу	kazuu
extração (f)	казуу	kazuu
minério (m)	кен	ken
mina (f)	шахта	ʃaχta
poço (m) de mina	шахта	ʃaχta
mineiro (m)	кенчи	kentʃi

gás (m)	газ	gaz
gasoduto (m)	газопровод	gazoprovod

petróleo (m)	мунайзат	munajzat
oleoduto (m)	мунайзар түтүгү	munajzar tytygy
poço (m) de petróleo	мунайзат скважинасы	munajzat skvadʒinasɩ
torre (f) petrolífera	мунайзат мунарасы	munajzat munarasɩ
petroleiro (m)	танкер	tanker

areia (f)	кум	kum
calcário (m)	акиташ	akitaʃ
cascalho (m)	шагыл	ʃagɩl
turfa (f)	торф	torf
argila (f)	ылай	ɩlaj
carvão (m)	көмүр	kømyr

ferro (m)	темир	temir
ouro (m)	алтын	altɩn
prata (f)	күмүш	kymyʃ
níquel (m)	никель	nikelʲ
cobre (m)	жез	dʒez

zinco (m)	цинк	tsɩnk
manganês (m)	марганец	marganets
mercúrio (m)	сымап	sɩmap
chumbo (m)	коргошун	korgoʃun

mineral (m)	минерал	mineral
cristal (m)	кристалл	kristall

mármore (m)	мрамор	mramor
urânio (m)	уран	uran

A Terra. Parte 2

172. Tempo

tempo (m)	аба-ырайы	aba-ırajı
previsão (f) do tempo	аба-ырайы боюнча маалымат	aba-ırajı bojuntʃa maalımat
temperatura (f)	температура	temperatura
termômetro (m)	термометр	termometr
barômetro (m)	барометр	barometr
úmido (adj)	нымдуу	nımduu
umidade (f)	ным	nım
calor (m)	ысык	ısık
tórrido (adj)	кыйын ысык	kıjın ısık
está muito calor	ысык	ısık
está calor	жылуу	dʒıluu
quente (morno)	жылуу	dʒıluu
está frio	суук	suuk
frio (adj)	суук	suuk
sol (m)	күн	kyn
brilhar (vi)	күн тийүү	kyn tijyy
de sol, ensolarado	күн ачык	kyn atʃık
nascer (vi)	чыгуу	tʃıguu
pôr-se (vr)	батуу	batuu
nuvem (f)	булут	bulut
nublado (adj)	булуттуу	buluttuu
nuvem (f) preta	булут	bulut
escuro, cinzento (adj)	күн бүркөк	kyn byrkøk
chuva (f)	жамгыр	dʒamgır
está a chover	жамгыр жаап жатат	dʒamgır dʒaap dʒatat
chuvoso (adj)	жаандуу	dʒaanduu
chuviscar (vi)	дыбыратуу	dıbıratuu
chuva (f) torrencial	нөшөрлөгөн жаан	nøʃørløgøn dʒaan
aguaceiro (m)	нөшөр	nøʃør
forte (chuva, etc.)	катуу	katuu
poça (f)	көлчүк	køltʃyk
molhar-se (vr)	суу болуу	suu boluu
nevoeiro (m)	туман	tuman
de nevoeiro	тумандуу	tumanduu
neve (f)	кар	kar
está nevando	кар жаап жатат	kar dʒaap dʒatat

173. Tempo extremo. Catástrofes naturais

trovoada (f)	чагылгандуу жаан	ʧagılganduu dʒaan
relâmpago (m)	чагылган	ʧagılgan
relampejar (vi)	жарк этүү	dʒark etyy
trovão (m)	күн күркүрөө	kyn kyrkyrøø
trovejar (vi)	күн күркүрөө	kyn kyrkyrøø
está trovejando	күн күркүрөп жатат	kyn kyrkyrøp dʒatat
granizo (m)	мөндүр	møndyr
está caindo granizo	мөндүр түшүп жатат	møndyr tyʃyp dʒatat
inundar (vt)	суу каптоо	suu kaptoo
inundação (f)	ташкын	taʃkın
terremoto (m)	жер титирөө	dʒer titirøø
abalo, tremor (m)	жердин силкиниши	dʒerdin silkiniʃi
epicentro (m)	эпицентр	epitsentr
erupção (f)	атырылып чыгуу	atırılıp ʧıguu
lava (f)	лава	lava
tornado (m)	куюн	kujun
tornado (m)	торнадо	tornado
tufão (m)	тайфун	tajfun
furacão (m)	бороон	boroon
tempestade (f)	бороон чапкын	boroon ʧapkın
tsunami (m)	цунами	tsunami
ciclone (m)	циклон	tsıklon
mau tempo (m)	жаан-чачындуу күн	dʒaan-ʧaʧınduu kyn
incêndio (m)	өрт	ørt
catástrofe (f)	кыйроо	kıjroo
meteorito (m)	метеорит	meteorit
avalanche (f)	көчкү	køʧky
deslizamento (m) de neve	кар көчкүсү	kar køʧkysy
nevasca (f)	кар бороону	kar boroonu
tempestade (f) de neve	бурганак	burganak

Fauna

174. Mamíferos. Predadores

predador (m)	жырткыч	dʒɪrtkɪtʃ
tigre (m)	жолборс	dʒolbors
leão (m)	арстан	arstan
lobo (m)	карышкыр	karɪʃkɪr
raposa (f)	түлкү	tylky
jaguar (m)	ягуар	jaguar
leopardo (m)	леопард	leopard
chita (f)	гепард	gepard
pantera (f)	пантера	pantera
puma (m)	пума	puma
leopardo-das-neves (m)	илбирс	ilbirs
lince (m)	сүлөөсүн	syløøsyn
coiote (m)	койот	kojot
chacal (m)	чөө	tʃøø
hiena (f)	гиена	giena

175. Animais selvagens

animal (m)	жаныбар	dʒanɪbar
besta (f)	жапайы жаныбар	dʒapajɪ dʒanɪbar
esquilo (m)	тыйын чычкан	tɪjɪn tʃɪtʃkan
ouriço (m)	кирпичечен	kirpitʃetʃen
lebre (f)	коен	koen
coelho (m)	коен	koen
texugo (m)	кашкулак	kaʃkulak
guaxinim (m)	енот	enot
hamster (m)	хомяк	χomʲak
marmota (f)	суур	suur
toupeira (f)	момолой	momoloj
rato (m)	чычкан	tʃɪtʃkan
ratazana (f)	келемиш	kelemiʃ
morcego (m)	жарганат	dʒarganat
arminho (m)	арс чычкан	ars tʃɪtʃkan
zibelina (f)	киш	kiʃ
marta (f)	суусар	suusar
doninha (f)	ласка	laska
visom (m)	норка	norka

castor (m)	кемчет	kemtʃet
lontra (f)	кундуз	kunduz
cavalo (m)	жылкы	dʒılkı
alce (m)	багыш	bagıʃ
veado (m)	бугу	bugu
camelo (m)	төө	tøø
bisão (m)	бизон	bizon
auroque (m)	зубр	zubr
búfalo (m)	буйвол	bujvol
zebra (f)	зебра	zebra
antílope (m)	антилопа	antilopa
corça (f)	элик	elik
gamo (m)	лань	lanʲ
camurça (f)	жейрен	dʒejren
javali (m)	каман	kaman
baleia (f)	кит	kit
foca (f)	тюлень	tʉlenʲ
morsa (f)	морж	mordʒ
urso-marinho (m)	деңиз мышыгы	deŋiz mıʃıgı
golfinho (m)	дельфин	delʲfin
urso (m)	аюу	ajʉu
urso (m) polar	ак аюу	ak ajʉu
panda (m)	панда	panda
macaco (m)	маймыл	majmıl
chimpanzé (m)	шимпанзе	ʃimpanze
orangotango (m)	орангутанг	orangutang
gorila (m)	горилла	gorilla
macaco (m)	макака	makaka
gibão (m)	гиббон	gibbon
elefante (m)	пил	pil
rinoceronte (m)	керик	kerik
girafa (f)	жираф	dʒiraf
hipopótamo (m)	бегемот	begemot
canguru (m)	кенгуру	kenguru
coala (m)	коала	koala
mangusto (m)	мангуст	mangust
chinchila (f)	шиншилла	ʃinʃilla
cangambá (f)	скунс	skuns
porco-espinho (m)	чүткөр	tʃytkør

176. Animais domésticos

gata (f)	ургаачы мышык	urgaatʃı mıʃık
gato (m) macho	эркек мышык	erkek mıʃık
cão (m)	ит	it

cavalo (m)	жылкы	dʒɪlkɪ
garanhão (m)	айгыр	ajgɪr
égua (f)	бээ	bee

vaca (f)	уй	uj
touro (m)	бука	buka
boi (m)	өгүз	øgyz

ovelha (f)	кой	koj
carneiro (m)	кочкор	kotʃkor
cabra (f)	эчки	etʃki
bode (m)	теке	teke

| burro (m) | эшек | eʃek |
| mula (f) | качыр | katʃɪr |

porco (m)	чочко	tʃotʃko
leitão (m)	торопой	toropoj
coelho (m)	коён	koen

| galinha (f) | тоок | took |
| galo (m) | короз | koroz |

pata (f), pato (m)	өрдөк	ørdøk
pato (m)	эркек өрдөк	erkek ørdøk
ganso (m)	каз	kaz

| peru (m) | күрп | kyrp |
| perua (f) | ургаачы күрп | urgaatʃɪ kyrp |

animais (m pl) domésticos	үй жаныбарлары	yj dʒanɪbarlarɪ
domesticado (adj)	колго үйрөтүлгөн	kolgo yjrøtylgøn
domesticar (vt)	колго үйрөтүү	kolgo yjrøtyy
criar (vt)	өстүрүү	østyryy

fazenda (f)	ферма	ferma
aves (f pl) domésticas	үй канаттулары	yj kanattularɪ
gado (m)	мал	mal
rebanho (m), manada (f)	бада	bada

estábulo (m)	аткана	atkana
chiqueiro (m)	чочкокана	tʃotʃkokana
estábulo (m)	уйкана	ujkana
coelheira (f)	коёнкана	koenkana
galinheiro (m)	тоокана	tookana

177. Cães. Raças de cães

cão (m)	ит	it
cão pastor (m)	овчарка	ovtʃarka
pastor-alemão (m)	немис овчаркасы	nemis ovtʃarkasɪ
poodle (m)	пудель	pudelʲ
linguicinha (m)	такса	taksa
buldogue (m)	бульдог	bulʲdog

boxer (m)	боксёр	boksjor
mastim (m)	мастиф	mastif
rottweiler (m)	ротвейлер	rotvejler
dóberman (m)	доберман	doberman

basset (m)	бассет	basset
pastor inglês (m)	бобтейл	bobtejl
dálmata (m)	далматинец	dalmatinets
cocker spaniel (m)	кокер-спаниэль	koker-spanielj

terra-nova (m)	ньюфаундленд	njɯfaundlend
são-bernardo (m)	сенбернар	senbernar

husky (m) siberiano	хаски	χaski
Chow-chow (m)	чау-чау	ʧau-ʧau
spitz alemão (m)	шпиц	ʃpits
pug (m)	мопс	mops

178. Sons produzidos pelos animais

latido (m)	үрүү	yryy
latir (vi)	үрүү	yryy
miar (vi)	миёлоо	mijoloo
ronronar (vi)	мырылдоо	mırıldoo

mugir (vaca)	маароо	maaroo
bramir (touro)	өкүрүү	økyryy
rosnar (vi)	ырылдоо	ırıldoo

uivo (m)	уулуу	uuluu
uivar (vi)	уулуу	uuluu
ganir (vi)	кыңшылоо	kıŋʃıloo

balir (vi)	маароо	maaroo
grunhir (vi)	коркулдоо	korkuldoo
guinchar (vi)	чаңыруу	ʧaŋıruu

coaxar (sapo)	чардоо	ʧardoo
zumbir (inseto)	зыңылдоо	zıŋıldoo
ziziar (vi)	чырылдоо	ʧırıldoo

179. Pássaros

pássaro (m), ave (f)	куш	kuʃ
pombo (m)	көгүчкөн	køgyʧkøn
pardal (m)	таранчы	taranʧı
chapim-real (m)	синица	sinitsa
pega-rabuda (f)	сагызган	sagızgan

corvo (m)	кузгун	kuzgun
gralha-cinzenta (f)	карга	karga
gralha-de-nuca-cinzenta (f)	таан	taan

gralha-calva (f)	чаркарга	tʃarkarga
pato (m)	өрдөк	ørdøk
ganso (m)	каз	kaz
faisão (m)	кыргоол	kɩrgool
águia (f)	бүркүт	byrkyt
açor (m)	ителги	itelgi
falcão (m)	шумкар	ʃumkar
abutre (m)	жору	dʒoru
condor (m)	кондор	kondor
cisne (m)	аккуу	akkuu
grou (m)	турна	turna
cegonha (f)	илегилек	ilegilek
papagaio (m)	тотукуш	totukuʃ
beija-flor (m)	колибри	kolibri
pavão (m)	тоос	toos
avestruz (m)	төө куш	tøø kuʃ
garça (f)	көк кытан	køk kɩtan
flamingo (m)	фламинго	flamingo
pelicano (m)	биргазан	birgazan
rouxinol (m)	булбул	bulbul
andorinha (f)	чабалекей	tʃabalekej
tordo-zornal (m)	таркылдак	tarkɩldak
tordo-músico (m)	сайрагыч таркылдак	sajragɩtʃ tarkɩldak
melro-preto (m)	кара таңдай таркылдак	kara taŋdaj tarkɩldak
andorinhão (m)	кардыгач	kardɩgatʃ
cotovia (f)	торгой	torgoj
codorna (f)	бөдөнө	bødønø
pica-pau (m)	тоңкулдак	toŋkuldak
cuco (m)	күкүк	kykyk
coruja (f)	мыкый үкү	mɩkɩj yky
bufo-real (m)	үкү	yky
tetraz-grande (m)	керең кур	kereŋ kur
tetraz-lira (m)	кара кур	kara kur
perdiz-cinzenta (f)	кекилик	kekilik
estorninho (m)	чыйырчык	tʃɩjɩrtʃɩk
canário (m)	канарейка	kanarejka
galinha-do-mato (f)	токой чили	tokoj tʃili
tentilhão (m)	зяблик	zʲablik
dom-fafe (m)	снегирь	snegirʲ
gaivota (f)	ак чардак	ak tʃardak
albatroz (m)	альбатрос	alʲbatros
pinguim (m)	пингвин	pingvin

180. Pássaros. Canto e sons

cantar (vi)	сайроо	sajroo
gritar, chamar (vi)	кыйкыруу	kıjkıruu
cantar (o galo)	"күкирикү" деп кыйкыруу	kykiriky' dep kıjkıruu
cocorocó (m)	күкирикү	kykiriky
cacarejar (vi)	какылдоо	kakıldoo
crocitar (vi)	каркылдоо	karkıldoo
grasnar (vi)	бакылдоо	bakıldoo
piar (vi)	чыйылдоо	tʃıjıldoo
chilrear, gorjear (vi)	чырылдоо	tʃırıldoo

181. Peixes. Animais marinhos

brema (f)	лещ	leʃtʃ
carpa (f)	карп	karp
perca (f)	окунь	okunʲ
siluro (m)	жаян	dʒajan
lúcio (m)	чортон	tʃorton
salmão (m)	лосось	lososʲ
esturjão (m)	осётр	osʲotr
arenque (m)	сельдь	selʲdʲ
salmão (m) do Atlântico	сёмга	sʲomga
cavala, sarda (f)	скумбрия	skumbrija
solha (f), linguado (m)	камбала	kambala
lúcio perca (m)	судак	sudak
bacalhau (m)	треска	treska
atum (m)	тунец	tunets
truta (f)	форель	forelʲ
enguia (f)	угорь	ugorʲ
raia (f) elétrica	скат	skat
moreia (f)	мурена	murena
piranha (f)	пиранья	piranja
tubarão (m)	акула	akula
golfinho (m)	дельфин	delʲfin
baleia (f)	кит	kit
caranguejo (m)	краб	krab
água-viva (f)	медуза	meduza
polvo (m)	сегиз бут	segiz but
estrela-do-mar (f)	деңиз жылдызы	deŋiz dʒıldızı
ouriço-do-mar (m)	деңиз кирписи	deŋiz kirpisi
cavalo-marinho (m)	деңиз тайы	deŋiz tajı
ostra (f)	устрица	ustritsa
camarão (m)	креветка	krevetka

| lagosta (f) | омар | omar |
| lagosta (f) | лангуст | langust |

182. Anfíbios. Répteis

| cobra (f) | жылан | dʒılan |
| venenoso (adj) | уулуу | uuluu |

víbora (f)	кара чаар жылан	kara tʃaar dʒılan
naja (f)	кобра	kobra
píton (m)	питон	piton
jiboia (f)	удав	udav

cobra-de-água (f)	сары жылан	sarı dʒılan
cascavel (f)	шакылдак жылан	ʃakıldak dʒılan
anaconda (f)	анаконда	anakonda

lagarto (m)	кескелдирик	keskeldirik
iguana (f)	игуана	iguana
varano (m)	эчкемер	etʃkemer
salamandra (f)	саламандра	salamandra
camaleão (m)	хамелеон	χameleon
escorpião (m)	чаян	tʃajan

tartaruga (f)	ташбака	taʃbaka
rã (f)	бака	baka
sapo (m)	курбака	kurbaka
crocodilo (m)	крокодил	krokodil

183. Insetos

inseto (m)	курт-кумурска	kurt-kumurska
borboleta (f)	көпөлөк	køpøløk
formiga (f)	кумурска	kumurska
mosca (f)	чымын	tʃımın
mosquito (m)	чиркей	tʃirkej
escaravelho (m)	коңуз	koŋuz

vespa (f)	аары	aarı
abelha (f)	бал аары	bal aarı
mamangaba (f)	жапан аары	dʒapan aarı
moscardo (m)	көгөөн	køgøøn

| aranha (f) | жөргөмүш | dʒørgømyʃ |
| teia (f) de aranha | желе | dʒele |

libélula (f)	ийнелик	ijnelik
gafanhoto (m)	чегиртке	tʃegirtke
traça (f)	көпөлөк	køpøløk

| barata (f) | таракан | tarakan |
| carrapato (m) | кене | kene |

| pulga (f) | бүргө | byrgø |
| borrachudo (m) | майда чымын | majda ʧımın |

gafanhoto (m)	чегиртке	ʧegirtke
caracol (m)	үлүл	ylyl
grilo (m)	кара чегиртке	kara ʧegirtke
pirilampo, vaga-lume (m)	жалтырак коңуз	dʒaltırak koŋuz
joaninha (f)	айланкөчөк	ajlankøʧøk
besouro (m)	саратан коңуз	saratan koŋuz

sanguessuga (f)	сүлүк	sylyk
lagarta (f)	каз таман	kaz taman
minhoca (f)	жер курту	dʒer kurtu
larva (f)	курт	kurt

184. Animais. Partes do corpo

bico (m)	тумшук	tumʃuk
asas (f pl)	канаттар	kanattar
pata (f)	чеңгел	ʧeŋgel
plumagem (f)	куштун жүнү	kuʃtun dʒyny
pena, pluma (f)	канат	kanat
crista (f)	көкүлчө	køkylʧø

brânquias, guelras (f pl)	бакалоор	bakaloor
ovas (f pl)	балык уругу	balık urugu
larva (f)	курт	kurt
barbatana (f)	сүзгүч	syzgyʧ
escama (f)	кабырчык	kabırʧık

presa (f)	азуу тиш	azuu tiʃ
pata (f)	таман	taman
focinho (m)	тумшук	tumʃuk
boca (f)	ооз	ooz
cauda (f), rabo (m)	куйрук	kujruk
bigodes (m pl)	мурут	murut

| casco (m) | туяк | tujak |
| corno (m) | мүйүз | myjyz |

carapaça (f)	калканч	kalkanʧ
concha (f)	үлүл кабыгы	ylyl kabıgı
casca (f) de ovo	кабык	kabık

| pelo (m) | жүн | dʒyn |
| pele (f), couro (m) | тери | teri |

185. Animais. Habitats

hábitat (m)	жашоо чөйрөсү	dʒaʃoo ʧøjrøsy
migração (f)	миграция	migratsija
montanha (f)	тоо	too

recife (m)	риф	rif
falésia (f)	зоока	zooka
floresta (f)	токой	tokoj
selva (f)	джунгли	dʒungli
savana (f)	саванна	savanna
tundra (f)	тундра	tundra
estepe (f)	талаа	talaa
deserto (m)	чөл	ʧøl
oásis (m)	оазис	oazis
mar (m)	деңиз	deŋiz
lago (m)	көл	køl
oceano (m)	мухит	muχit
pântano (m)	саз	saz
de água doce	тузсуз суулу көл	tuzsuz suulu køl
lagoa (f)	жасалма көлмө	dʒasalma kølmø
rio (m)	дарыя	darɪja
toca (f) do urso	ийин	ijin
ninho (m)	уя	uja
buraco (m) de árvore	көңдөй	køŋdøj
toca (f)	ийин	ijin
formigueiro (m)	кумурска уюгу	kumurska ujʉgu

Flora

186. Árvores

árvore (f)	дарак	darak
decídua (adj)	жалбырактуу	dʒalbıraktuu
conífera (adj)	ийне жалбырактуулар	ijne dʒalbıraktuular
perene (adj)	дайым жашыл	dajım dʒaʃıl
macieira (f)	алма бак	alma bak
pereira (f)	алмурут бак	almurut bak
cerejeira (f)	гилас	gilas
ginjeira (f)	алча	altʃa
ameixeira (f)	кара өрүк	kara øryk
bétula (f)	ак кайың	ak kajıŋ
carvalho (m)	эмен	emen
tília (f)	жөкө дарак	dʒøkø darak
choupo-tremedor (m)	бай терек	baj terek
bordo (m)	клён	klʲon
espruce (m)	кара карагай	kara karagaj
pinheiro (m)	карагай	karagaj
alerce, lariço (m)	лиственница	listvennitsa
abeto (m)	пихта	piχta
cedro (m)	кедр	kedr
choupo, álamo (m)	терек	terek
tramazeira (f)	четин	tʃetin
salgueiro (m)	мажүрүм тал	madʒyrym tal
amieiro (m)	ольха	olʲχa
faia (f)	бук	buk
ulmeiro, olmo (m)	кара жыгач	kara dʒıgatʃ
freixo (m)	ясень	jasenʲ
castanheiro (m)	каштан	kaʃtan
magnólia (f)	магнолия	magnolija
palmeira (f)	пальма	palʲma
cipreste (m)	кипарис	kiparis
mangue (m)	мангро дарагы	mangro daragı
embondeiro, baobá (m)	баобаб	baobab
eucalipto (m)	эвкалипт	evkalipt
sequoia (f)	секвойя	sekvoja

187. Arbustos

arbusto (m)	бадал	badal
arbusto (m), moita (f)	бадал	badal

| videira (f) | жүзүм | dʒyzym |
| vinhedo (m) | жүзүмдүк | dʒyzymdyk |

framboeseira (f)	дан куурай	dan kuuraj
groselheira-negra (f)	кара карагат	kara karagat
groselheira-vermelha (f)	кызыл карагат	kızıl karagat
groselheira (f) espinhosa	крыжовник	krıdʒovnik

acácia (f)	акация	akatsija
bérberis (f)	бөрү карагат	børy karagat
jasmim (m)	жасмин	dʒasmin

junípero (m)	кара арча	kara artʃa
roseira (f)	роза бадалы	roza badalı
roseira (f) brava	ит мурун	it murun

188. Cogumelos

cogumelo (m)	козу карын	kozu karın
cogumelo (m) comestível	желе турган козу карын	dʒele turgan kozu karın
cogumelo (m) venenoso	уулуу козу карын	uuluu kozu karın
chapéu (m)	козу карындын телпеги	kozu karındın telpegi
pé, caule (m)	аякчасы	ajaktʃası

boleto, porcino (m)	ак козу карын	ak kozu karın
boleto (m) alaranjado	подосиновик	podosinovik
boleto (m) de bétula	подберёзовик	podber'ozovik
cantarelo (m)	лисичка	lisitʃka
rússula (f)	сыроежка	sıroedʒka

morchella (f)	сморчок	smortʃok
agário-das-moscas (m)	мухомор	muxomor
cicuta (f) verde	поганка	poganka

189. Frutos. Bagas

| fruta (f) | мөмө-жемиш | mømø-dʒemiʃ |
| frutas (f pl) | мөмө-жемиш | mømø-dʒemiʃ |

maçã (f)	алма	alma
pera (f)	алмурут	almurut
ameixa (f)	кара өрүк	kara øryk

morango (m)	кулпунай	kulpunaj
ginja (f)	алча	altʃa
cereja (f)	гилас	gilas
uva (f)	жүзүм	dʒyzym

framboesa (f)	дан куурай	dan kuuraj
groselha (f) negra	кара карагат	kara karagat
groselha (f) vermelha	кызыл карагат	kızıl karagat
groselha (f) espinhosa	крыжовник	krıdʒovnik

oxicoco (m)	клюква	klukva
laranja (f)	апельсин	apelʲsin
tangerina (f)	мандарин	mandarin
abacaxi (m)	ананас	ananas
banana (f)	банан	banan
tâmara (f)	курма	kurma
limão (m)	лимон	limon
damasco (m)	өрүк	øryk
pêssego (m)	шабдаалы	ʃabdaalɪ
quiuí (m)	киви	kivi
toranja (f)	грейпфрут	grejpfrut
baga (f)	жер жемиш	dʒer dʒemiʃ
bagas (f pl)	жер жемиштер	dʒer dʒemiʃter
arando (m) vermelho	брусника	brusnika
morango-silvestre (m)	кызылгат	kɪzɪlgat
mirtilo (m)	кара моюл	kara mojul

190. Flores. Plantas

flor (f)	гүл	gyl
buquê (m) de flores	десте	deste
rosa (f)	роза	roza
tulipa (f)	жоогазын	dʒoogazɪn
cravo (m)	гвоздика	gvozdika
gladíolo (m)	гладиолус	gladiolus
centáurea (f)	ботокөз	botokøz
campainha (f)	коңгуроо гүл	koŋguroo gyl
dente-de-leão (m)	каакым-кукум	kaakɪm-kukum
camomila (f)	ромашка	romaʃka
aloé (m)	алоэ	aloe
cacto (m)	кактус	kaktus
fícus (m)	фикус	fikus
lírio (m)	лилия	lilija
gerânio (m)	герань	geranʲ
jacinto (m)	гиацинт	giatsint
mimosa (f)	мимоза	mimoza
narciso (m)	нарцисс	nartsiss
capuchinha (f)	настурция	nasturtsija
orquídea (f)	орхидея	orχideja
peônia (f)	пион	pion
violeta (f)	бинапша	binapʃa
amor-perfeito (m)	алагүл	alagyl
não-me-esqueças (m)	незабудка	nezabudka
margarida (f)	маргаритка	margaritka
papoula (f)	кызгалдак	kɪzgaldak

cânhamo (m)	наша	naʃa
hortelã, menta (f)	жалбыз	dʒalbız
lírio-do-vale (m)	ландыш	landıʃ
campânula-branca (f)	байчечекей	bajtʃetʃekej
urtiga (f)	чалкан	tʃalkan
azedinha (f)	ат кулак	at kulak
nenúfar (m)	чөмүч баш	tʃømytʃ baʃ
samambaia (f)	папоротник	paporotnik
líquen (m)	лишайник	liʃajnik
estufa (f)	күнөскана	kynøskana
gramado (m)	газон	gazon
canteiro (m) de flores	клумба	klumba
planta (f)	өсүмдүк	øsymdyk
grama (f)	чөп	tʃøp
folha (f) de grama	бир тал чөп	bir tal tʃøp
folha (f)	жалбырак	dʒalbırak
pétala (f)	гүлдүн желекчеси	gyldyn dʒelektʃesi
talo (m)	сабак	sabak
tubérculo (m)	жемиш тамыр	dʒemiʃ tamır
broto, rebento (m)	өсмө	øsmø
espinho (m)	тикен	tiken
florescer (vi)	гүлдөө	gyldøø
murchar (vi)	соолуу	sooluu
cheiro (m)	жыт	dʒıt
cortar (flores)	кесүү	kesyy
colher (uma flor)	үзүү	yzyy

191. Cereais, grãos

grão (m)	дан	dan
cereais (plantas)	дан эгиндери	dan eginderi
espiga (f)	машак	maʃak
trigo (m)	буудай	buudaj
centeio (m)	кара буудай	kara buudaj
aveia (f)	сулу	sulu
painço (m)	таруу	taruu
cevada (f)	арпа	arpa
milho (m)	жүгөрү	dʒygøry
arroz (m)	күрүч	kyrytʃ
trigo-sarraceno (m)	гречиха	gretʃixa
ervilha (f)	нокот	nokot
feijão (m) roxo	төө буурчак	tøø buurtʃak
soja (f)	соя	soja
lentilha (f)	жасмык	dʒasmık
feijão (m)	буурчак	buurtʃak

GEOGRAFIA REGIONAL

Países. Nacionalidades

192. Política. Governo. Parte 1

política (f)	саясат	sajasat
político (adj)	саясий	sajasij
político (m)	саясатчы	sajasattʃı
estado (m)	мамлекет	mamleket
cidadão (m)	жаран	dʒaran
cidadania (f)	жарандык	dʒarandık
brasão (m) de armas	улуттук герб	uluttuk gerb
hino (m) nacional	мамлекеттик гимн	mamlekettik gimn
governo (m)	өкмөт	økmøt
Chefe (m) de Estado	мамлекет башчысы	mamleket baʃtʃısı
parlamento (m)	парламент	parlament
partido (m)	партия	partija
capitalismo (m)	капитализм	kapitalizm
capitalista (adj)	капиталистик	kapitalistik
socialismo (m)	социализм	sotsializm
socialista (adj)	социалистик	sotsialistik
comunismo (m)	коммунизм	kommunizm
comunista (adj)	коммунистик	kommunistik
comunista (m)	коммунист	kommunist
democracia (f)	демократия	demokratija
democrata (m)	демократ	demokrat
democrático (adj)	демократиялык	demokratijalık
Partido (m) Democrático	демократиялык партия	demokratijalık partija
liberal (m)	либерал	liberal
liberal (adj)	либералдык	liberaldık
conservador (m)	консерватор	konservator
conservador (adj)	консервативдик	konservativdik
república (f)	республика	respublika
republicano (m)	республикачы	respublikatʃı
Partido (m) Republicano	республикалык	respublikalık
eleições (f pl)	шайлоо	ʃajloo
eleger (vt)	шайлоо	ʃajloo

| eleitor (m) | шайлоочу | ʃajlootʃu |
| campanha (f) eleitoral | шайлоо кампаниясы | ʃajloo kampanijasɪ |

votação (f)	добуш	dobuʃ
votar (vi)	добуш берүү	dobuʃ beryy
sufrágio (m)	добуш берүү укугу	dobuʃ beryy ukugu

candidato (m)	талапкер	talapker
candidatar-se (vi)	талапкерлигин көрсөтүү	talapkerligin kørsøtyy
campanha (f)	кампания	kampanija

| da oposição | оппозициялык | oppozitsijalɪk |
| oposição (f) | оппозиция | oppozitsija |

visita (f)	визит	vizit
visita (f) oficial	расмий визит	rasmij vizit
internacional (adj)	эл аралык	el aralɪk

| negociações (f pl) | сүйлөшүүлөр | syjløʃyylør |
| negociar (vi) | сүйлөшүүлөр жүргүзүү | syjløʃyylør dʒyrgyzyy |

193. Política. Governo. Parte 2

sociedade (f)	коом	koom
constituição (f)	конституция	konstitutsija
poder (ir para o ~)	бийлик	bijlik
corrupção (f)	коррупция	korruptsija

| lei (f) | мыйзам | mɪjzam |
| legal (adj) | мыйзамдуу | mɪjzamduu |

| justeza (f) | адилеттик | adilettik |
| justo (adj) | адилеттүү | adilettyy |

comitê (m)	комитет	komitet
projeto-lei (m)	мыйзам долбоору	mɪjzam dolbooru
orçamento (m)	бюджет	bʉdʒet
política (f)	саясат	sajasat
reforma (f)	реформа	reforma
radical (adj)	радикалдуу	radikalduu

força (f)	күч	kytʃ
poderoso (adj)	кудуреттүү	kudurettyy
partidário (m)	жактоочу	dʒaktootʃu
influência (f)	таасир	taasir

regime (m)	түзүм	tyzym
conflito (m)	чыр-чатак	tʃɪr-tʃatak
conspiração (f)	заговор	zagovor
provocação (f)	айгак аракети	ajgak araketi

derrubar (vt)	кулатуу	kulatuu
derrube (m), queda (f)	кулатуу	kulatuu
revolução (f)	ыңкылап	ɪŋkɪlap

golpe (m) de Estado	төңкөрүш	tøŋkøryʃ
golpe (m) militar	аскердик төңкөрүш	askerdik tøŋkøryʃ
crise (f)	каатчылык	kaattʃılık
recessão (f) econômica	экономикалык төмөндөө	ekonomikalık tømøndøø
manifestante (m)	демонстрант	demonstrant
manifestação (f)	демонстрация	demonstratsija
lei (f) marcial	согуш абалында	soguʃ abalında
base (f) militar	аскер базасы	asker bazası
estabilidade (f)	туруктуулук	turuktuuluk
estável (adj)	туруктуу	turuktuu
exploração (f)	эзүү	ezyy
explorar (vt)	эзүү	ezyy
racismo (m)	расизм	rasizm
racista (m)	расист	rasist
fascismo (m)	фашизм	faʃizm
fascista (m)	фашист	faʃist

194. Países. Diversos

estrangeiro (m)	чет өлкөлүк	tʃet ølkølyk
estrangeiro (adj)	чет өлкөлүк	tʃet ølkølyk
no estrangeiro	чет өлкөдө	tʃet ølkødø
emigrante (m)	эмигрант	emigrant
emigração (f)	эмиграция	emigratsija
emigrar (vi)	башка өлкөгө көчүү	baʃka ølkøgø køtʃyy
Ocidente (m)	Батыш	batıʃ
Oriente (m)	Чыгыш	tʃıgıʃ
Extremo Oriente (m)	Алыскы Чыгыш	alıskı tʃıgıʃ
civilização (f)	цивилизация	tsivilizatsija
humanidade (f)	адамзат	adamzat
mundo (m)	аалам	aalam
paz (f)	тынчтык	tıntʃtık
mundial (adj)	дүйнөлүк	dyjnølyk
pátria (f)	мекен	meken
povo (população)	эл	el
população (f)	калк	kalk
gente (f)	адамдар	adamdar
nação (f)	улут	ulut
geração (f)	муун	muun
território (m)	аймак	ajmak
região (f)	регион	region
estado (m)	штат	ʃtat
tradição (f)	салт	salt
costume (m)	үрп-адат	yrp-adat

ecologia (f)	экология	ekologija
índio (m)	индеец	indeets
cigano (m)	цыган	tsıgan
cigana (f)	цыган аял	tsıgan ajal
cigano (adj)	цыгандык	tsıgandık

império (m)	империя	imperija
colônia (f)	колония	kolonija
escravidão (f)	кулчулук	kultʃuluk
invasão (f)	басып келүү	basıp kelyy
fome (f)	ачарчылык	atʃartʃılık

195. Grupos religiosos mais importantes. Confissões

religião (f)	дин	din
religioso (adj)	диний	dinij

crença (f)	диний ишеним	dinij iʃenim
crer (vt)	ишенүү	iʃenyy
crente (m)	динчил	dintʃil

ateísmo (m)	атеизм	ateizm
ateu (m)	атеист	ateist

cristianismo (m)	Христианчылык	xristiantʃılık
cristão (m)	христиан	xristian
cristão (adj)	христиандык	xristiandık

catolicismo (m)	Католицизм	katolitsizm
católico (m)	католик	katolik
católico (adj)	католиктер	katolikter

protestantismo (m)	Протестантизм	protestantizm
Igreja (f) Protestante	Протестанттык чиркөө	protestanttık tʃirkøø
protestante (m)	протестанттар	protestanttar

ortodoxia (f)	Православие	pravoslavie
Igreja (f) Ortodoxa	Православдык чиркөө	pravoslavdık tʃirkøø
ortodoxo (m)	православдык	pravoslavdık

presbiterianismo (m)	Пресвитерианчылык	presviteriantʃılık
Igreja (f) Presbiteriana	Пресвитериандык чиркөө	presviteriandık tʃirkøø
presbiteriano (m)	пресвитериандык	presviteriandık

luteranismo (m)	Лютерандык чиркөө	luterandık tʃirkøø
luterano (m)	лютерандык	luterandık

Igreja (f) Batista	Баптизм	baptizm
batista (m)	баптист	baptist

Igreja (f) Anglicana	Англикан чиркөөсү	anglikan tʃirkøøsy
anglicano (m)	англикан	anglikan
mormonismo (m)	Мормондук	mormonduk
mórmon (m)	мормон	mormon

Judaísmo (m)	Иудаизм	iudaizm
judeu (m)	иудей	iudej
budismo (m)	Буддизм	buddizm
budista (m)	буддист	buddist
hinduísmo (m)	Индуизм	induizm
hindu (m)	индуист	induist
Islã (m)	Ислам	islam
muçulmano (m)	мусулман	musulman
muçulmano (adj)	мусулмандык	musulmandık
xiismo (m)	Шиизм	ʃiizm
xiita (m)	шиит	ʃiit
sunismo (m)	Суннизм	sunnizm
sunita (m)	суннит	sunnit

196. Religiões. Padres

padre (m)	поп	pop
Papa (m)	Рим Папасы	rim papası
monge (m)	кечил	ketʃil
freira (f)	кечил аял	ketʃil ajal
pastor (m)	пастор	pastor
abade (m)	аббат	abbat
vigário (m)	викарий	vikarij
bispo (m)	епископ	episkop
cardeal (m)	кардинал	kardinal
pregador (m)	диний үгүттөөчү	dinij ygyttøøtʃy
sermão (m)	үгүт	ygyt
paroquianos (pl)	чиркөө коомунун мүчөлөрү	tʃirkøø koomunun mytʃøløry
crente (m)	динчил	dintʃil
ateu (m)	атеист	ateist

197. Fé. Cristianismo. Islão

Adão	Адам ата	adam ata
Eva	Обо эне	obo ene
Deus (m)	Кудай	kudaj
Senhor (m)	Алла талаа	alla talaa
Todo Poderoso (m)	Кудуреттүү	kudurettyy
pecado (m)	күнөө	kynøø
pecar (vi)	күнөө кылуу	kynøø kıluu

pecador (m)	күнөөкөр	kynøøkør
pecadora (f)	күнөөкөр аял	kynøøkør ajal
inferno (m)	тозок	tozok
paraíso (m)	бейиш	bejiʃ
Jesus	Иса	isa
Jesus Cristo	Иса Пайгамбар	isa pajgambar
Espírito (m) Santo	Ыйык Рух	ijik ruχ
Salvador (m)	Куткаруучу	kutkaruutʃu
Virgem Maria (f)	Бүбү Мариям	byby marijam
Diabo (m)	Шайтан	ʃajtan
diabólico (adj)	шайтан	ʃajtan
Satanás (m)	Шайтан	ʃajtan
satânico (adj)	шайтандык	ʃajtandık
anjo (m)	периште	periʃte
anjo (m) da guarda	сактагыч периште	saktagıtʃ periʃte
angelical	периште	periʃte
apóstolo (m)	апостол	apostol
arcanjo (m)	архангель	arχangelʲ
anticristo (m)	антихрист	antiχrist
Igreja (f)	Чиркөө	tʃirkøø
Bíblia (f)	библия	biblija
bíblico (adj)	библиялык	biblijalık
Velho Testamento (m)	Эзелки осуят	ezelki osujat
Novo Testamento (m)	Жаңы осуят	dʒaŋı osujat
Evangelho (m)	Евангелие	evangelie
Sagradas Escrituras (f pl)	Ыйык	ijik
Céu (sete céus)	Жаннат	dʒannat
mandamento (m)	парз	parz
profeta (m)	пайгамбар	pajgambar
profecia (f)	пайгамбар сөзү	pajgambar søzy
Alá (m)	Аллах	allaχ
Maomé (m)	Мухаммед	muχammed
Alcorão (m)	Куран	kuran
mesquita (f)	мечит	metʃit
mulá (m)	мулла	mulla
oração (f)	дуба	duba
rezar, orar (vi)	дуба кылуу	duba kıluu
peregrinação (f)	зыярат	zıjarat
peregrino (m)	зыяратчы	zıjarattʃı
Meca (f)	Мекке	mekke
igreja (f)	чиркөө	tʃirkøø
templo (m)	ибадаткана	ibadatkana
catedral (f)	чоң чиркөө	tʃoŋ tʃirkøø

gótico (adj)	готикалуу	gotikaluu
sinagoga (f)	синагога	sinagoga
mesquita (f)	мечит	metʃit
capela (f)	кичинекей чиркөө	kitʃinekej tʃirkøø
abadia (f)	аббаттык	abbattık
convento, monastério (m)	монастырь	monastırⁱ
sino (m)	коңгуроо	konguroo
campanário (m)	коңгуроо мунарасы	konguroo munarası
repicar (vi)	коңгуроо кагуу	konguroo kaguu
cruz (f)	крест	krest
cúpula (f)	купол	kupol
ícone (m)	икона	ikona
alma (f)	жан	dʒan
destino (m)	тагдыр	tagdır
mal (m)	жамандык	dʒamandık
bem (m)	жакшылык	dʒakʃılık
vampiro (m)	кан соргуч	kan sorgutʃ
bruxa (f)	жез тумшук	dʒez tumʃuk
demônio (m)	шайтан	ʃajtan
espírito (m)	арбак	arbak
redenção (f)	күнөөнү жуу	kynøøny dʒuu
redimir (vt)	күнөөнү жуу	kynøøny dʒuu
missa (f)	ибадат	ibadat
celebrar a missa	ибадат кылуу	ibadat kıluu
confissão (f)	сыр төгүү	sır tøgyy
confessar-se (vr)	сыр төгүү	sır tøgyy
santo (m)	ыйык	ıjık
sagrado (adj)	ыйык	ıjık
água (f) benta	ыйык суу	ıjık suu
ritual (m)	диний ырым-жырым	dinij ırım-dʒırım
ritual (adj)	диний ырым-жырым	dinij ırım-dʒırım
sacrifício (m)	курмандык	kurmandık
superstição (f)	ырым-жырым	ırım-dʒırım
supersticioso (adj)	ырымчыл	ırımtʃıl
vida (f) após a morte	тиги дүйнө	tigi dyjnø
vida (f) eterna	түбөлүк жашоо	tybølyk dʒaʃoo

TEMAS DIVERSOS

198. Várias palavras úteis

ajuda (f)	жардам	dʒardam
barreira (f)	тоскоолдук	toskoolduk
base (f)	түп	typ
categoria (f)	категория	kategorija
causa (f)	себеп	sebep
coincidência (f)	дал келгендик	dal kelgendik
coisa (f)	буюм	bujʉm
começo, início (m)	башталыш	baʃtalɪʃ
cômodo (ex. poltrona ~a)	ынгайлуу	ɪngajluu
comparação (f)	салыштырма	salɪʃtɪrma
compensação (f)	ордун толтуруу	ordun tolturuu
crescimento (m)	өсүү	øsyy
desenvolvimento (m)	өнүгүү	ønygyy
diferença (f)	айырма	ajɪrma
efeito (m)	таасир	taasir
elemento (m)	элемент	element
equilíbrio (m)	теңдем	teŋdem
erro (m)	ката	kata
esforço (m)	күч аракет	kytʃ araket
estilo (m)	стиль	stilʲ
exemplo (m)	мисал	misal
fato (m)	далил	dalil
fim (m)	бүтүү	bytyy
forma (f)	тариз	tariz
frequente (adj)	бат-бат	bat-bat
fundo (ex. ~ verde)	фон	fon
gênero (tipo)	түр	tyr
grau (m)	даража	daradʒa
ideal (m)	идеал	ideal
labirinto (m)	лабиринт	labirint
modo (m)	ыкма	ɪkma
momento (m)	учур	utʃur
objeto (m)	объект	obʰjekt
obstáculo (m)	тоскоолдук	toskoolduk
original (m)	түпнуска	typnuska
padrão (adj)	стандарттуу	standarttuu
padrão (m)	стандарт	standart
paragem (pausa)	токтотуу	toktotuu
parte (f)	бөлүгү	bølygy

partícula (f)	бөлүкчө	bølyktʃø
pausa (f)	тыныгуу	tınıguu
posição (f)	позиция	pozitsija
princípio (m)	усул	usul
problema (m)	көйгөй	køjgøj
processo (m)	жараян	dʒarajan
progresso (m)	өнүгүү	ønygyy
propriedade (qualidade)	касиет	kasiet
reação (f)	реакция	reaktsija
risco (m)	тобокел	tobokel
ritmo (m)	темп	temp
segredo (m)	сыр	sır
série (f)	катар	katar
sistema (m)	тутум	tutum
situação (f)	кырдаал	kırdaal
solução (f)	чечүү	tʃetʃyy
tabela (f)	жадыбал	dʒadıbal
termo (ex. ~ técnico)	атоо	atoo
tipo (m)	түр	tyr
urgente (adj)	шашылыш	ʃaʃılıʃ
urgentemente	шашылыш	ʃaʃılıʃ
utilidade (f)	пайда	pajda
variante (f)	вариант	variant
variedade (f)	тандоо	tandoo
verdade (f)	чындык	tʃındık
vez (f)	кезек	kezek
zona (f)	алкак	alkak